Jacques VALDOUR

DE LA POPINQU'
A MÉNILMUCH'

OBSERVATIONS VÉCUES

" Editions Spes "

17, Rue Soufflot — PARIS, 5ᵉ

1924

DE LA POPINQU' A MÉNILMUCH'

DU MÊME AUTEUR

QUESTIONS RELIGIEUSES

L'abbé Loisy, M. Le Dantec, M. Clemenceau font leur prière. — Une brochure in-8, 1908................. Epuisé
Le professeur Loisy contre l'abbé Loisy. — 1 br. in-12, 1909   Epuisé
Le Lycée corrupteur. — 1 vol. in-16, grand format, 1909   Epuisé
La laïque. (La neutralité, les manuels, la parole et l'exemple.) 1 vol. in-12, 1910 .... Epuisé

QUESTIONS SOCIALES

Série « *La Vie ouvrière, observations vécues.* »
Chez ROUSSEAU, 14, rue Soufflot, PARIS
et GIARD, 2, rue Royale, LILLE.

La Vie ouvrière. — 1 vol. in-12, 1909................ .. 3 50
La Méthode concrète en science sociale. — 1 vol. in-12, 1914   2 50
Les Mariniers. — 1 vol. in-12, 1" édit, 1914, 2' édit, 1919   3 50
Réponse à quelques objections. — 1 broch. in-12, 1919.... 1 50
L'Ouvrier agricole. — 1 vol. in-12. 1919......... ...... 4 50
Les Mineurs — 1 vol. in-12, 1919... .... 4 50
Deux Chauffeurs-Conducteurs. — 1 vol. in-12, 1919 ... .. 3 fr.
L'Ouvrier espagnol. — 2 vol. in-12, 1919............... 9 fr.
Ouvriers parisiens d'après-guerre (ouvrage couronné par l'Académie française, prix Fabien, 1923). — 1 vol. in-12, 1921   4 50

Aux ÉDITIONS SPES, 17, rue Soufflot, PARIS. —

Ateliers et Taudis de la banlieue de Paris. — 1 vol. in-8', 1923   5 fr.

La Vie Ouvrière

Jacques VALDOUR

DE LA POPINQU' A MÉNILMUCH'

OBSERVATIONS VÉCUES

"Editions Spes"

17, Rue Soufflot — PARIS, 5e

1924

INTRODUCTION

Nous nous sommes attachés, dans cette enquête, à analyser les conditions matérielles et morales de la vie des ouvriers parisiens dans les quartiers et faubourgs de l'est de Paris : Marais, Faubourg du Temple, Popincourt, Belleville et Ménilmontant. Il s'agit ici d'ouvriers qui, pour la plupart, habitent ces quartiers-là, sont nés à Paris et y travaillent dans de petits ateliers. La grande industrie, qui est la règle dans la banlieue, n'existe dans la capitale que par exception ; les grandes usines comptant leurs ouvriers par centaines ne s'y rencontrent que rarement ; au contraire, les petits ateliers qui emploient de dix à trente ouvriers sont innombrables ; beaucoup même n'associent au patron que trois ou quatre salariés ; quelques-uns, une cinquantaine ou parfois même de cinquante à cent. La petite métallurgie emploie une notable partie de la population laborieuse de Paris, dont presque tout le surplus se répartit entre quelques métiers caractéristiques de l'activité ouvrière de la capitale, métiers de luxe ou métiers d'art : les métaux précieux, le bronze, l'ameublement. Les qualités d'intelligence, d'adresse, d'initiative, de goût des ouvriers parisiens les rendent, à un degré éminent, aptes à réussir et à briller dans ces professions.

Nos observations, à deux exceptions près, portent sur les ouvriers du bronze : fondeurs et mouleurs, ciseleurs et monteurs.

CHAPITRE PREMIER

LE MARAIS
LES ATELIERS DU BRONZE

---

§ 1. — Un atelier de bronzes d'éclairage.
Les ouvriers monteurs.

L'atelier est installé dans l'aile d'un magnifique hôtel construit sous le règne de Louis XIV ; il en occupe les combles: De la rue étroite et encombrée, le seuil franchi d'un porche monumental aux lignes sobres, sévères même, on pénètre dans la vaste cour carrée autour de laquelle se développent les façades ornées de pilastres et couronnées d'un toit Mansard. Ces magnifiques architectures enrichissent le quartier laborieux où elles forment un ensemble incomparable. Juste à côté de cet hôtel, un autre s'édifie, plus petit mais plus gracieux avec ses ailes en retour dont l'angle sur cour, arrondi, s'ajoure de hautes fenêtres, avec son ample escalier de pierre à rampe en fer forgé dont les degrés s'aperçoivent par la porte ouverte, avec son fronton triangulaire, ses deux étages et, par derrière, l'aile qui enveloppait les jardins. Les jardins de ces seigneuriales demeures ont disparu. Des constructions parasites altèrent aujourd'hui l'éloquente beauté de ces amples logis. Ailleurs, les hauts étages ont été coupés en deux par un plancher utilitaire et barbare. Partout, dans tous les coins, sont installés des ateliers : dans les sombres entresols, les cours et les arrière-cours, les appartements de réception et les greniers, ils se succèdent ou s'entassent, ateliers familiaux ou petits ateliers patronaux, dont, aux piliers des portes et des portails, se superposent et s'accumulent les plaques d'émail, de marbre ou de cuivre, révélatrices de la vie laborieuse de ces ruches où s'élaborent et se réalisent les créations charmantes des artisans parisiens.

A droite de la cour d'honneur, par un escalier sombre et misérable, aux marches usées, disjointes et poussiéreuses, on accède au grenier où une trentaine de tourneurs, soudeurs et monteurs s'entassent. Les moindres recoins sont utilisés : on y accumule sur des planchettes de bois blanc la matière à transformer, les pièces ébauchées, les ornements ciselés, les lampes et les lustres montés et prêts pour la livraison. Etablis, tours, machines à scier ou à percer, large fourneau chargé de coke et chalumeau pour les soudeurs, tout cela se presse sous le plafond des mansardes. Ni pointeau (1), ni appareil de pointage : contrôle indispensable dans la grande et la moyenne industrie,

(1) L'homme chargé de pointer les ouvriers à leur entrée dans l'atelier.

non pas ici ; le patron fait crédit à ses ouvriers et ils prouvent qu'ils méritent cette confiance. Ils savent l'heure : ils entrent et ils sortent à l'heure, d'eux-mêmes. C'est lundi : ils ne font pas le lundi ; ils rentrent comme les autres jours à l'atelier. Une demi-douzaine de jeunes apprentis s'entretiennent avec animation des parties de foot-ball qu'ils ont jouées la veille. Ouvriers et apprentis, ils portent des chaussures de fantaisie — cuir de couleur ou étoffe et cuir — et plus d'un est fier de montrer un pied petit et bien cambré ; ils sont vêtus proprement et simplement, quelques-uns de façon assez commune ; l'un d'eux porte même un pantalon de velours ; mais plusieurs s'habillent avec quelque recherche. Dans l'atelier, ils quittent leur veston, l'accrochent dans quelque coin ou le font disparaître sous un établi ; ils passent une longue blouse blanche et quelques-uns chaussent des espadrilles, des *trottinettes* comme ils disent. S'ils mangent à midi dans un restaurant du voisinage, ils sortent sans quitter leur blouse. Ils travaillent avec entrain et bonne humeur, chantant et plaisantant : chansons de café-concert, qu'entonne l'un d'eux et dont les autres reprennent le refrain ; plaisanteries assez grosses et même grossières parfois ; et, tout en s'activant à tarauder, percer, souder, limer, ciseler, monter, ils échangent des phrases rapides, évoquent le souvenir de la promenade de la veille au bois de Vincennes, car, de ces bronziers, *les vert-de-gris* comme ils s'appellent, quelques-uns demeurent dans la banlieue, sur la ligne de Vincennes (et leur grand désir serait d'acquérir une petite maison avec jar-

din), les autres habitent au Marais ou dans les quartiers immédiatement voisins. Nous arrivons à l'atelier
à sept heures pour en partir à midi et à une heure
trente pour le quitter à six heures ; la semaine anglaise
est observée ; nous faisons ainsi chaque jour, le samedi
excepté, une demi-heure supplémentaire. Les ouvriers
sont payés aux pièces : ils gagnent couramment de
3 fr. 50 à 3 fr. 75 par heure.

Aide-monteur, je travaille avec un homme d'une
trentaine d'années, qui a l'œil à tout, la parole
prompte, le geste rapide et sûr ; il vérifie d'abord les
pièces qu'on lui passe, puis, sous ses doigts expéri-
mentés et agiles, la matière précise ses formes, parfait ses organes et bientôt s'agence en un tout har-
monieux ; les tubes s'habillent des pièces complémen-
taires, les holophanes s'y ajustent, les branches s'y
ajoutent, les fils électriques sont passés, les culots des
lampes vissés, les verreries assujetties: « En 1920, me
dit l'artisan, la crise sur les bronzes a été si grave
qu'un tiers des ouvriers a dû quitter le métier. Depuis,
les affaires vont mieux. Mais, si les objets utiles se
vendent bien, il n'en est pas de même de l'article de
luxe. — L'étranger achète ! — Pas assez ! le bénéfice
que le change lui procure est mangé par les droits
de douane de son pays. » Et aussi, me disait un
patron bronzier, parce qu' « en France il n'y a plus
de fortunes ; la classe moyenne, la grande acheteuse
avant la guerre, est aujourd'hui très appauvrie, et
les quelques très grosses fortunes qui se sont édifiées
sur sa ruine ne compensent pas son ancienne puissance d'achat. »

Brusquement, des établis monte une légère dispute et, d'un étau à l'autre, les épithètes rebondissent : les *compagnons* s'amusent à taquiner Gustave, un apprenti facile à émouvoir et qui riposte en traitant l'un des farceurs, un peu bedonnant, de « grosse terrine !... » et l'autre, haut sur jambes, de « grande saucisse !... » Finissant par se rendre compte qu'ils ne l'attaquent qu'en manière de jeu, le jeune homme a le bon esprit d'en rire et la gaieté devient générale. « A voir ta petite taille, lui lance un monteur, on te donnerait quinze ans ! — J'en ai vingt et je vais partir au service ! — Oh ! alors ! quand tu seras chez les Allemands, qu'est-ce qu'ils diront de te voir haut comme ça ! » L'occupation de la Rhur, qui fait écumer les gens de la rue Grange-aux-Belles ne paraît pas déplaire à ces monteurs en bronze : quoi qu'ils pensent en politique, ils éprouvent une juste fierté à la pensée de la France campée chez l'ennemi.

Ce n'est pas seulement le lundi, mais les autres jours, qu'à peine devant leurs étaus les apprentis monteurs recommencent à parler de sports. « Grosse terrine », entendant leurs propos, hausse les épaules et, de sa voix musicale et chantante de Bordelais, récrimine : « Parce qu'un Français a gagné une épreuve sportive, on croit que la France est sauvée ! — Mais non ! réplique Gustave... Tenez, vous ne comprenez pas cela ! Il faut être jeune pour faire du sport ! » Le Bordelais frise la cinquantaine et prend du ventre. Il raille le protestataire. Les autres bronziers se joignent à lui. L'apprenti se fâche. Un de ses petits camarades lui crie : « Tais-toi ! eh ! la puce ! ». Le pauvre garçon leur sert de cible, ils le criblent de plaisanteries, sans mesure, abusant de son penchant à les prendre au sérieux ; comme il lui arrive, poussé à bout, de se fâcher tout rouge, l'atelier trouve très drôles ses brusques explosions de colère. Et le voici qui se répand en protestations bruyantes. Mais un autre apprenti lui crie : « Ta gueule... ! eh ! marcassin ! »

Plusieurs compagnons ont l'accent faubourien ; ils mordent dans les *a*, à la parisienne, traînent sur les dernières syllabes en donnant un coup de gosier et ne disent pas « oui », mais *ouè-vè-è !*

Lorsque, dans l'atelier, le bruit des voix cesse, on ne perçoit plus que le choc sourd des maillets sur le métal, le grattement des limes, parfois le vrombissement d'un foret de perceuse. Percer, tarauder à la main ou à l'archet, ajuster, limer, scier, goupiller sans arrêt, voilà la tâche de chacun de nous. Les tourneurs occupent une mansarde voisine et je n'ai jamais de rapports avec eux.

Ni à l'entrée, ni à la sortie de l'atelier, ils n'étalent de journaux. Leurs propos ne touchent ni à la politique, ni à la religion, mais voltigent de l'un à l'autre des très menus incidents de leur petite vie monotone et obscure. C'est dans leur allure, leur tournure d'esprit, le jaillissement prompt et léger de leurs paroles, qu'on les sent d'esprit vif et indépendant, individualiste, qu'on les devine gouailleurs, frondeurs et la tête près du bonnet.

Par les fenêtres de notre atelier, nous apercevons celles d'une fabrique de chapeaux installée à l'étage

du corps central de l'hôtel. A travers les vitres nues,
notre vue plonge chez nos voisins. Leur type caractéristique en révèle la race. « Ce ne sont que des Juifs,
dis-je à mon voisin. — Oui, tous ! Ça se voit à leur
tête, hein ? Tous youpins !... Et ils se tiennent
tous !... » L'activité qui règne dans leur atelier est
surprenante : ils n'échangent pas un mot ; ils ne jettent
pas un regard dans la cour, ni, par le porche énorme,
toujours ouvert, dans la rue ; hommes et femmes sont
mélangés ; les yeux fixés sur leur tâche, ils se hâtent
fiévreusement ; de toute la séance, pas une fraction de
minute n'est perdue. Leur discipline et leur union leur
confèrent une force incomparable ; ils ne se conten-
tent pas d'en user ; ils s'acharnent à semer l'indis-
cipline et la désunion chez les autres.

Je ne constate dans mon atelier que de légers et
inoffensifs vestiges des anciennes habitudes d'intempérance : l'offre accidentelle d'un apéritif (verre de
vin, cassis, citron) à la sortie du travail ; puis, l'auto-
risation donnée, chaque après-midi, à trois heures, au
plus jeune apprenti, de sortir acheter de la bière pour
les ouvriers qui en désirent ; l'usage de l'atelier est
que chacun, à tour de rôle, paie un litre de bière
qu'il partage avec trois de ses voisins ; ni une température élevée ni une atmosphère poussiéreuse ne jus-
tifie cette habitude ; mais, en outre, plusieurs apportent dans la poche de leur veston une petite bouteille
de vin, de la contenance d'un quart ou d'un tiers de
litre, dont la forme ovale et plate, à la manière d'un
biberon, permet aisément le port caché, et où ils prennent une gorgée de liquide, de temps à autre ; véri-

table manie qui témoigne d'un goût invétéré pour s'humecter le gosier sans aucune raison.

De là à l'intempérance, il y a très loin, et cette distance, ils ne la franchissent jamais. Même, un matin, ils critiquent avec une grande vivacité un ouvrier de leurs camarades — qui d'ailleurs n'appartient pas au bronze — dont ils connaissent les habitudes d'ivrognerie. « Oh ! » fait l'un des monteurs, « à la sortie de son usine, il s'arrêtait chez le bistro ; un peu plus loin, avant de descendre dans le métro, il entrait dans un autre débit ; puis, dans un autre, à la sortie du métro ; et encore dans un autre, avant de prendre son train. — Un jour, remarque le voisin du monteur, il a dépensé vingt-cinq francs en boisson. — Ça me dégoûte, déclare un troisième, de voir ça. Et la femme, les mômes, qu'est-ce qu'ils deviennent ? — Un verre ou deux, ajoute un quatrième compagnon, je comprends, mais davantage, non ! » Quand je sors en même temps que mon camarade d'établi, il nous arrive d'entrer dans un débit ; nous prenons rapidement une consommation — verre de vin ou citron — et nous nous séparons, chacun se hâtant chez soi. Deux monteurs manifestent un vif penchant pour la grande musique. L'un exprime son intention d'aller prochainement à l'Opéra-Comique. L'autre lui dit : « Quand j'étais garçon, je le fréquentais plusieurs fois par semaine... Si tu veux y conduire ta fille, tu devrais la mener voir *Manon* ! Ah ! tiens ! la scène du séminaire !.. Et puis, il faut voir *Werther* !... Et *Carmen* donc !... A l'Opéra, tu devrais y aller lorsqu'on joue *Faust* : chaque fois, ça fait salle comble ! Là, il faut dépenser dix francs. Mais, à l'Opéra-Comique, pour quatre francs, tu es bien placé... »

Un jour, comme nous étions très occupés au montage d'un petit lustre, mon camarade me dit, avec une nuance de respect dans la voix, tout en malmenant l'histoire et les styles et même la grammaire : « Nous travaillons ici dans l'hôtel du duc d'Aiguillon, sous François I⁰. Dans le quartier, ç'en est plein : ce sont *toutes* les hôtels des ducs... autrefois... »

Mais la grande distraction de ces travailleurs reste toujours de faire enrager le jeune apprenti. « Ça lui fera le caractère, disent-ils entre eux ; au régiment, il en verra bien d'autres, et, s'il n'est pas dressé, il souffrira trop... et même il pourrait lui arriver de fâcheuses histoires... » Ils imaginent aussitôt une plaisanterie nouvelle : « Il y a des *mouches* ici », disent-ils en se le désignant d'un clignement d'yeux, « ... et elles ne sont pas au plafond... Ah ! ça n'est pas chic de *donner* ses camarades !.. » Et, d'abord, l'apprenti se contient. Mais, comme le Bordelais insiste : « Ferme ça ! eh ! bonbonne ! » riposte-t-il.

§ 2. —Un deuxième atelier de bronzes d'éclairage. La remonture.

Il est huit heures du matin. Je rôde aux abords d'un porche. Par les battants ouverts, j'aperçois au fond d'une petite cour les bureaux de l'atelier. Assis sur un rebord de fenêtre, face au portail, deux jeunes gens semblent attendre qu'on leur fasse signe d'entrer. Je me présente au concierge. Il me demande ce que je désire. — « De l'embauchage. » L'homme hèle un contre-maître : « Avez-vous besoin de quelqu'un ? — Non, » lui est-il répondu. « Vous voyez, fait le concierge, on n'a besoin de personne. » Je sors et j'attends sur le trottoir, en face. S'ils se ravisaient ! Les deux jeunes gens, après une nouvelle attente déçue, s'éloignent. Je reste seul. Vingt minutes s'écoulent. Le concierge vient à moi : « C'est bien vous qui vous êtes présenté tout à l'heure ? — Mais oui. — Suivez-moi, on va voir. » A la porte de l'atelier, il accoste le contre-maître. « Ah ! dit celui-ci, s'il savait souder !... » Mais je ne sais pas souder. Le concierge semble tout triste de l'insuccès de sa démarche. « Laissez-moi votre adresse, me dit-il. Comme ça, si l'on a besoin de quelqu'un, on vous le fera dire. » Touchant exemple de solidarité charitable, d'entr'aide ouvrière, d'effort spontané, en faveur de celui qui cherche une place, de la part de celui qui en est pourvu.

Un peu plus loin, un autre porche. J'entre dans la cour. Le patron la traverse, des papiers en mains. « Vous désirez ? — Du travail. » Il m'envoie me faire inscrire au bureau. J'entrerai demain à l'atelier.

Rares sont les ateliers du Marais qui occupent un bâtiment neuf ou parfaitement aménagé. Nous sommes un pays ancien ; le passé nous a légué les vieux immeubles dont se sont accommodées des générations nombreuses : capital précieux qui nous aide à produire à meilleur compte et à soutenir la lutte contre la concurrence étrangère ; nous savons tirer parti de

tout avec ingéniosité, avec économie, ne rien transformer qu'avec une lenteur prudente, améliorer nos
conditions matérielles de travail et d'existence en
mesurant sagement l'étendue de nos ressources. L'atelier où je suis embauché occupe un petit corps de
bâtiment tout neuf : le porche franchi, une étroite
cour vitrée traversée, un escalier gravi, et je débou
che dans une vaste pièce aux flancs de verre par où
se déverse une lumière abondante ; des établis la
meublent ; un ample fourneau à soudures en occupe
le centre ; à une extrémité, les tourneurs ; à l'autre
extrémité, les monteurs ; le long de la paroi vitrée
qui relie ces deux groupes, les tables et étaux de
la ciselure et de la remonture. Vingt-cinq ouvriers
travaillent dans cet atelier : ils tournent, montent,
soudent, cisèlent, remontent. Je suis affecté à la
remonture : lorsque les différentes pièces d'un appareil d'éclairage ont été tournées, percées, limées,
ciselées, soudées (on les donne à vernir ou dorer
au dehors), il reste à en effectuer la remonture, c'est-
à-dire l'ajustage et l'assemblage définitif, à en former un tout muni de ses fils et des culots de lampes
électriques.

En entrant dans l'atelier, chacun adresse à ses
voisins un cordial : « Bonjour Messieurs ! » et leur
serre la main, passe rapidement sa blouse de toile
blanche, accroche son veston dans son placard, et
gagne sa place. Payés aux pièces, ils ne perdent pas
un instant ; pendant toute la séance, ils s'activent
de leur mieux et besognent à plein effort. Comme
débutant, je suis payé non aux pièces, mais à la

journée à raison de deux francs de l'heure. Les
bronziers payés à l'heure peuvent gagner au maximum quatre francs dix centimes. Mes compagnons,
payés au pièces, se font trois francs cinquante à
quatre francs par heure. Nous observons la journée
de huit heures et la semaine anglaise, ce qui nous
fait neuf heures de travail par jour, sauf le samedi
où nous ne travaillons que quatre heures le matin,
de sept heures à onze heures, et le lundi où nous ne
travaillons que huit heures, de huit heures à midi
et de une heure trente à cinq heures trente ; les
autres jours, nous commençons à sept heures du
matin.

Mes camarades lisent les journaux de sports ou
Le Journal, mais surtout *Le Petit Parisien* ; l'un
d'eux, *Le Matin*. Ils causent peu et ne parlent jamais
politique. Ils ne profèrent aucune récrimination contre le patron ou contre le patronat. Les vieux sont
vêtus de façon plutôt négligée, le vêtement des
hommes d'âge mûr est correct, mais banal ; les jeunes visent à l'élégance : complet gris, veston cintré,
le pantalon relevé sur les souliers de cuir rouge,
chapeau mou, chemise de fantaisie. Ces différences
ne sont pas sous la seule dépendance de l'âge, mais
aussi des charges de famille et des habitudes con-
tractées au temps où les hommes mûrs ou âgés étaient
des jeunes gens.

Ma tâche consiste d'abord à passer le fil électrique à l'intérieur des branches des appliques et des
lustres ; puis à gratter aux deux extrémités du fil
la couche protectrice de façon à la mettre à nu ; je

visse ensuite un culot de douille, je fixe à la por-
celaine les fils dénudés ; le manchon une fois placé
et immobilisé au moyen d'un anneau de recouvre-
ment, vissé sur le culot, il n'y a plus qu'à faire
l'épissure, c'est-à-dire lier l'extrémité opposée des
fils en les groupant entre eux de façon à permettre
d'obtenir à volonté l'allumage d'une, deux ou trois
lampes — petit jeu, jeu moyen, grand jeu — en
tournant le commutateur. Besogne facile, qui n'exige
qu'un peu d'attention et d'adresse. Il m'arrive parfois d'avoir à effectuer la remonture proprement dite,
c'est-à-dire l'assemblage des pièces d'un petit lustre ;
je les enfile sur une tigelle de fer ; lorsqu'elles y
sont bien ajustées, il n'y a plus qu'à couper la
tigelle à la longueur voulue, tarauder et visser les
pièces des deux extrémités. La seule fatigue éprouvée
résulte de la station debout devant l'établi tout le
long du jour.

Mes camarades d'atelier acquièrent dans la pratique de leur métier un sensible affinement de goût ;
à toujours manier des objets de bronze, agréablement dessinés et ciselés, ils apprennent à juger ce qui
est médiocre et apprécier ce qui est beau, à reconnaître et comparer les styles. La délicatesse de leur
tâche, sa propreté et le soin qu'elle réclame influent
peut-être sur leurs manières qui sont polies et parfois amènes. Œil vif, esprit alerte, intelligence ouverte, geste prompt et adroit, ils expédient leur
besogne généralement en silence ; parfois, des paroles
brèves et banales sont échangées, ou bien, d'un coin
de l'atelier, monte une voix de ténor : le chanteur

entonne une romance dont plusieurs compagnons reprennent en chœur les finales ou le refrain.

Près de moi, travaillent deux vieux ciseleurs, Léonard et Gaston. Ils ont l'air intelligent, narquois et bon enfant ; ils plaisantent volontiers à propos de la bonne chopine qu'ils ont vidée avant de venir et m'adressent de temps à autre un signe amical. « Eh bien ? mon brave... », fait l'un d'eux pour amorcer la conversation lorsqu'il allume sa cigarette. Ils sont vêtus à la mode des ouvriers d'autrefois : une casquette à visière de cuir, un complet usagé, de mauvaise coupe. Quel contraste avec la mise recherchée de leurs camarades de dix-huit à vingt ans ! Et comme ceux-ci se montrent indifférents aux chopines et apéritifs ! Mais les deux vieux ciseleurs ont gardé un faible pour les séductions du comptoir. Un vendredi matin, Gaston taquine Léonard à ce sujet : « Tout de même ! ce que t'en as sifflé hier ! — C'est toi qui m'as fait perdre mon temps, réplique l'autre, railleur. — Ah ! par exemple ! proteste Gaston. Et Hardouin ? — C'est lui, poursuit Léonard goguenardant, qui m'a empêché de partir et qui m'a fait boire. — Oh ! alors ! c'qu'il en avait sucé ! Au point d'être obligé de s'asseoir !... Il lui aurait fallu une bonbonne de cinq litres !... » Vieille habitude d'avant-guerre qui ne se rencontre que chez les anciens et seulement par exception.

D'une façon générale, les ouvriers de l'atelier ne montrent pas entre eux une grande intimité ; chacun garde jalousement son « quant à soi », se retran-

che en lui-même, arrive juste à l'heure, et, le travail fini, s'éclipse promptement.

Au début d'une séance de travail, mes deux voisins de la remonture commentent avec un vif intérêt un fait-divers relaté sur le journal : des gen-
darmes à la poursuite d'un malfaiteur ont fait usage
de leurs carabines après avoir essuyé plusieurs coups
de revolver, l'ont blessé et arrêté. Ces deux monteurs en bronze, hommes d'une quarantaine d'années, se montrent d'ordinaire fort taciturnes. L'un
d'eux a accepté de venir trinquer avec moi, à la sortie,
chez le bistro du coin, mais il n'a guère desserré les
dents. L'autre, un jour, s'épanche fort exceptionnellement : « Des heures supplémentaires, l'hiver, ça
m'est égal. Mais, l'été, je tiens à la journée de huit
heures pour pouvoir prendre l'air et à la semaine
anglaise pour aller à la campagne ; le samedi après-
midi, j'aide ma femme à faire le ménage et nous
partons ensuite dans la banlieue chez des amis qui
ont une bicoque et un bout de jardin. » Il ajoute avec
fierté qu'il travaille à l'atelier depuis dix-huit ans,
ainsi que trois autres monteurs, et qu'eux tous n'ont
pas fait d'autre place que celle-là ; que deux d'entre
eux s'y trouvent depuis même vingt ans : « Tenez !
celui-ci, il a commencé dans la maison comme arpète. »
Ces propos témoignent d'un certain attachement à
leur atelier. Un peu plus tard, travaillant dans une
robinetterie, je rencontrai par hasard ce monteur en
bronze ; il m'aborda : « Eh bien ? me dit-il, ça
marche à votre idée ?... Allons, tant mieux ! Mais,
tout de même, si vous ne nous aviez pas quittés, je

vous aurais tout appris, peu à peu ; c'est utile de savoir monter les appareils d'éclairage électrique ; le métier n'est pas fatigant, et puis il est propre !... C'est propre et agréable, l'atelier de bronze. Et c'est profitable de s'y connaître en installation de lampes électriques !... On peut, à ses moments perdus, travailler à des réparations chez les habitants du quartier. Des fois, je vais flâner place Voltaire, j'écoute ce que disent les gens ; il s'en trouve parfois qui se plaignent du mauvais fonctionnement de leur éclairage électrique : alors j'offre de me charger de la réparation à un prix inférieur à celui qu'on leur demanderait en boutique ; je montre mes certificats pour prouver que je m'y connais ; je leur fais ça le samedi après-midi et j'en tire un petit profit !... Mais les tours, ça me connaît aussi, allez ! J'ai travaillé sur machines, dans plusieurs maisons... Je sais faire aussi l'horlogerie... » C'est le type de l'ouvrier parisien, habile, dégourdi, actif intelligent, travailleur et débrouillard, ayant plusieurs cordes à son arc, connaissant plusieurs métiers et sachant toujours se retourner, sortir d'embarras, se tirer d'affaire ; en même temps, bon camarade, serviable et charitable, excellent cœur.

Un soir, au moment où nous quittons nos établis pour nous habiller et sortir, la demoiselle du bureau, outrageusement décolletée et poudrée, le torse provocant sous une mousseline transparente et chaloupant des hanches, traverse l'atelier. Le gros Ernest, un blond bellâtre au teint blême, se hâte derrière elle et se répand sans succès en galanteries. Les hommes s'esclaffent sur la donzelle : « Ce qu'elle s'en met, de la poudre ! — C'est le plus fort de son boulot ! — Parbleu, je la vois par la fenêtre : elle passe son temps à se poudrer... »

A ce moment, un des petits apprentis, déjà habillé, crie à l'autre : « Eh bien ! t'amènes ta viande ? »

§ 3. — Un atelier de statuettes de bronze. Ciseleurs, monteurs et patineurs.

Le corps central et les ailes d'un vieil hôtel Louis XIII enveloppent une belle cour d'honneur. Dans les anciennes dépendances, trois salles sont aménagées pour les ciseleurs, les monteurs, les patineurs, avec lesquels je suis successivement employé. Tous ces ouvriers, payés à l'heure, reçoivent entre trois francs vingt-cinq, salaire de début, et quatre francs cinquante, salaire maximum ; la plupart sont payés trois francs cinquante et trois francs soixante-quinze. Ils travaillent neuf heures par jour (de sept heures à midi et de une heure trente à cinq heures trente) et chôment le samedi après-midi.

Les ciseleurs. — A l'exception d'un jeune homme de vingt-cinq ans environ, ils ont tous dépassé la cinquantaine ; mes deux voisins en ont même soixante bien sonnés.

Je suis chargé d'effacer les traces des menus coups ou éraflures que des statuettes ont reçus, et de limer les rivets. L'objet doit être couché dans un cadre de bois garni d'un morceau de drap et il y doit être placé de façon à bien présenter la surface endommagée. Je lime d'abord l'éraflure ; puis je fais disparaître toute trace d'intervention en me servant du *rifloir*, tige de fer terminée aux deux extrémités par des spatules, l'une droite, l'autre recourbée, qui jouent le rôle de limes douces et effacent les traits laissés par la première lime. Ce petit instrument doit être tenu à deux mains, d'une façon très particulière, et l'opérateur doit veiller avec soin à ce que la spatule ne glisse pas en dehors du champ de l'opération. Lorsque le défaut a disparu, je frotte au papier émeri fin la région limée. Pour faire disparaître les têtes de rivets, il faut les écraser, puis étaler leurs bords à l'aide d'un petit ciseau et d'un marteau : c'est ce qu'on appelle « enlever les rivets ».

Pendant que je m'absorbe dans ce travail délicat, les ciseleurs, attentifs à leur tâche minutieuse, manient avec dextérité et patience les ciseaux et les marteaux légers dont les coups grêles et rapides, que dominent parfois des chocs plus sonores, voltigent dans l'atelier recueilli. Bien rarement, un refrain est fredonné ou quelques paroles échangées à mi-voix. Debout ou parfois assis à l'établi, près de l'étau, chacun devant une haute fenêtre, et ainsi quelque peu éloignés les uns des autres, les ciseleurs concentrent sur les plus menus détails du bronze toute leur attention.

Quand, pour sortir, ils quittent leurs longues blouses blanches, ils apparaissent vêtus proprement, avec soin, mais de façon commune. Ils gardent une réserve distante. Ils n'échangent que de rares propos. L'un d'eux gémit sur le bouleversement des prix et la difficulté de vivre : « J'ai beau être payé plus cher qu'avant la guerre, j'y perds encore. Douze sous un œuf, soixante francs une paire de chaussures ! A midi, au restaurant, mon repas me coûte quatre francs !... Enfin !... Je crois que nous en avons au moins pour dix ans encore avant de retrouver notre équilibre, et si rien ne casse ! Ça dépend de tant de choses : changes, relations entre les Etats !... Et le reste... Et l'Allemagne ne demande qu'à cogner !... La guerre a fait beaucoup de tort à notre métier : nous sommes ici moitié moins nombreux qu'avant 1914. Le bronze d'art est trop cher ; la vente s'est beaucoup ralentie et, si l'étranger ne nous achetait pas, que vendrait-on ?... Déjà, depuis un an, les bijoutiers souffrent de la diminution de leur volume d'affaires !.... L'industrie de luxe est touchée parce qu'il y a plus de gens ruinés que de gens enrichis !... »

Les monteurs. — On me charge de fixer des statuettes sur une *terrasse*, socle de bronze ou de marbre. J'apprends à souder à l'étain une *barrette* de métal à l'intérieur de la base des statues, puis à percer à l'archet la barrette pour y placer une tige de fixation et deux goupilles. Le maniement de l'archet exige une certaine habitude. Le talon du foret est placé dans un petit trou pratiqué dans une plaque de bois concave que l'on applique contre le pectoral gauche ; la corde élastique, en acier, de l'archet est enroulée autour du corps du foret, constitué par une

masse de bois de la forme d'une bobine ; la pointe
du foret est appliquée contre la paroi à percer, après
que la statuette a été convenablement fixée entre les
mâchoires, chapées de plomb, d'un étau ; le va-et-
vient de l'archet anime le foret d'un mouvement de
rotation qui lui permet de mordre le métal, et finalement de le traverser. Le trou une fois fait, je le
taraude. Puis, je prends son empreinte sur une bou-
lette de cire écrasée à la surface de la *terrasse*, afin
de déterminer le point précis où il me faudra la forer
à l'archet pour le logement de la goupille. Alors,
après avoir passé un fil de laiton, de grosseur convenable, à la filière, je le visse dans le trou, à fond,
et je le coupe à un demi-centimètre de la barrette :
la goupille ainsi obtenue, une fois logée dans le trou
dont le socle aura été percé, empêchera, avec la goupille symétrique, que la statue ne tourne sur la tige
centrale qui la maintient adhérente au socle. La
même opération se répète pour la deuxième goupille.

Un autre travail consiste à placer en divers points
de la statuette, où quelque petit défaut du bronze
l'exige, un rivet : je perce un trou, à l'archet, je le
taraude, j'y visse un fil de laiton préalablement passé
à la filière et je le coupe presque au ras de la surface de la statue ; les ciseleurs font ensuite disparaître la tête du rivet en la martelant.

Chaque monteur se tient debout à son établi devant
une fenêtre. De rares propos s'échangent entre voisins. La distance qui les sépare matériellement rend
les colloques malaisés. « Notre métier est un métier
d'art, me dit avec fierté l'un d'eux, et même, autre-

fois, les ciseleurs avaient le droit de porter l'épée !...
Aujourd'hui... Les sculpteurs gagnent de l'argent, et
souvent grâce à nous qui réparons leurs bévues ; oui,
ils en gagnent ! mais l'ouvrier... Nous fabriquons du
beau : comme il est cher, les gens se rejettent sur
la camelote... Après la guerre de 1870, on a connu
la mévente, comme maintenant ; puis, la prospérité
est revenue : espérons qu'il en sera de même, cette
fois... Tenez ! ce candélabre Louis XVI... — Ah ! fait
un autre, le Louis XVI, ça ne passera jamais de
mode ! Ce qui est de style est toujours demandé...
Mais le modern-style !... » Et il désigne, avec un
sourire de pitié, la pendule modern-style dont il
monte les ornements de bronze. Le premier ouvrier
reprend : « Un candélabre Louis XVI tel que celui-ci,
il suffirait de le vieillir pour le vendre comme ancien.
Truquage facile dont les marchands de vieux ne se
privent pas !... Ça a commencé quelques années après
1870 : je travaillais alors chez un patron qui ne
fabriquait que des antiquités ; il écornait les marbres,
jaunissait le marbre blanc, salissait avec de l'eau de
vaisselle les bronzes dorés... »

Les patineurs. — Dans une pièce silencieuse,
entouré de statues de nuances variées — brun, mar-
ron, vert foncé, vert-de-gris — je verdis un bronze
en le tamponnant avec un pinceau trempé dans une
solution, puis en séchant l'enduit par un nouveau
tamponnement avec un pinceau sec. Ou bien, je fais
des retouches à la patine brune, par endroits dispa-
rue, d'une Diane chasseresse : la nuance une fois

obtenue par le degré convenable de concentration d'une solution donnée, j'humecte la surface avec de l'ouate couverte de ponce en poudre, je sèche avec un pinceau, j'étale de la poudre de sanguine et je brosse. Ou bien enfin, je restaure des vernis détériorés.

Mon compagnon s'approche parfois de ma table : « La guerre, me dit-il, a tout bouleversé. Et notre commerce en a beaucoup souffert. J'ai idée que ceux qui ont voulu et provoqué la guerre, c'est l'entourage de Guillaume : les marquis et les comtes qui vivaient auprès de lui. Les Allemands disent que c'est nous les auteurs de la guerre. Nous disons que c'est eux. Il est difficile de savoir la vérité... Mais, tout de même, la preuve que ce n'est pas nous c'est que nous n'étions pas prêts, nous n'avions rien pour faire la guerre... Si on pouvait jouir maintenant de la tranquilité au moins ! — Dame ! vous savez, dis-je, l'Europe est en marmelade : alors, toutes les surprises sont possibles. — Oh ! oui. Il faut au moins dix ans pour que tout revienne à l'état normal. »

On a remarqué son hésitation à attribuer aux Français ou aux Allemands la responsabilité de la guerre ; on constate ainsi le mal fait à la vérité comme au sentiment national par les calomnies germaniques que les socialistes ont répandues parmi nos ouvriers. Cependant, cet homme, en réfléchissant, redresse son jugement faussé par l'ambiance. Mais il ne songe ni à s'étonner de notre impréparation, ni à la regretter, ni à en définir les auteurs responsables : hommes, idées, institutions.

Plusieurs de ses réflexions sur la crise du métier et la diminution des fortunes sont identiques à celles du ciseleur de ce même atelier, d'un patron bronzier que j ai cité, et d'un « vert-de-gris » dont j'entendrai les propos au restaurant. Le patineur me dit aussi : « Il me faut une heure de métro et de chemin de fer pour rentrer chez moi. J'habite du côté de Vincennes... Mais j'ai ma maison à moi ! » déclare-t-il fièrement.

§ 4. — **Physionomie du Marais.**
Les restaurants. — **Le ghetto.**

Le Marais a conservé du Moyen-Age quelques rues sinueuses où le regard saisit dans une ligne fuyante l'enfilade des maisons aux silhouettes variées. Ou bien quelques étroites rues sombres étalent par moments la richesse des balcons en fer forgé, du XVIIe siècle, des fenêtres à mascarons, des porches aux lignes élégantes et aux sobres ornements. Mais la plupart des rues s'allongent droites, bordées de vieux hôtels dont les hauts portails se succèdent, baillant sur les cours d'honneur. Le vandalisme administratif s'acharne à éventrer ce quartier si riche d'histoire et d'art, où tant de beaux monuments privés conspirent à former le plus noble décor. Sous la crasse noire des façades à l'abandon, déjà condamnées à la démolition, semble-t-il, se révèle la simplicité harmonieuse du passé. Ces petites rues gardent pendant l'été une agréable fraîcheur. On se plaît à y retrouver en tout temps un air d'intimité, de simplicité et de grandeur où continue de vivre l'âme traditionnelle de la France. La lumière du ciel dore les combles élevés, les hautes fenêtres des étages, effleure le sommet des porches écussonnés, tandis que les rez-de-chaussée restent enveloppés d'une ombre familière et reposante.

Il était convenable que, dans ce cadre si beau, les artisans de beauté — maroquiniers, bronziers et orfèvres — eûssent leurs ateliers : ils continuent l'œuvre du grand siècle, ils perpétuent l'inspiration des maîtres anciens. Dans l'hôtel de Lamoignon, comme dans le palais de la rue de Thorigny, les ouvriers parisiens, fidèles à un art si parfaitement parisien, veillent sur nos vieilles traditions ; pour en défendre le dépôt, ils ont pris possession du grand quartier aristocratique du XVII° siècle ; ils travaillent dans les salons mêmes où les Précieuses triomphèrent.

L'animation fiévreuse qui anime les principales rues fait sourire des « Embarras de Paris » dont geignait Boileau. D'un porche majestueux, qui vit jadis passer les carrosses à quatre chevaux, je vois sortir un lourd camion tiré par trois chevaux, l'un d'eux attelé en flèche : un des conducteurs, piqueur plébéien, le précède et, campé sur la chaussée, crie aux voitures et aux autobus de stopper ; le vigoureux percheron qui tire en tête de l'attelage traverse la rue, monte en face sur le trottoir pour tourner, et le lourd véhicule, enfin traîné sur le pavé, étant parti au trot, la circulation se rétablit dans la rue droite, entre les hautes façades mélancoliques des vieux hôtels qui ne reverront plus

le défilé des voitures amarante, des chaises à porteurs
et des carrosses dorés.

A midi, un flot de travailleurs pressés se déverse
sur les trottoirs et les chaussées, se mêlant aux files
de voitures, camions, taxis et autobus encombrants
et bruyants. Mais le soir, dès sept heures, les véhi-
cules ont disparu : les rues appartiennent alors aux
piétons affairés qui se retrouvent les maîtres de ce
vieux quartier aux coins si intimes ; leur agitation silencieuse et quiète s'harmonise avec la gravité des
hautes façades familières ; l'obscurité qui s'amasse,
traversée par la nappe de lumière que les boutiques
répandent, ou trouée par les points de clarté des becs
de gaz, s'étale en larges taches d'encre où le quartier
s'enfonce comme dans une eau-forte mystérieuse.

Les petits restaurants populaires pullulent, installés sommairement, encombrés à midi par les artisans :
blouses blanches, cottes bleues, vestons fatigués se
pressent autour des tables de marbre d'où monte le
bourdonnement des voix. Le prix d'un repas sans vin
ne peut descendre au-dessous de trois francs. Voici
deux menus pris dans deux restaurants :

1°	Grillade de porc aux pommes....	2.00
	Fromage	0.60
	Pain	0.25
	Pourboire	0.15
		3.00
2°	Foie de veau maître d'hôtel......	1.90
	Epinards	0.70
	Pain	0.25
	Pourboire	0.15
		3.00

Il est donc difficile de s'alimenter, même d'une façon très frugale et souvent insuffisante, avec une dépense inférieure à trois francs cinquante ou quatre francs. La plupart des consommateurs déjeûnent aussi rapidement que possible. Deux de mes voisins, un homme d'une trentaine d'années et un jeune homme d'environ vingt ans, que leurs longues blouses blanches désignent pour des « vert-de-gris », lisent — fait extrêmement rare — *L'Humanité*. « Alors, dit le premier, interrompant sa lecture, tu mesures un mètre cinquante, tu es haut comme une botte, et ils t'ont tout de même pris bon pour le service ?... Ah ! là là ! s'il n'y avait eu que des hommes de ta taille pour faire la révolution russe, le tsar y serait encore ! » Mais voici qui donne la mesure de la puissance d'irréflexion de cet ouvrier bronzier, de son peu de capacité à rapprocher deux idées. Après quelques instants de silence, il reprend : « Décidément, dans notre métier, nous ne faisons plus de beau travail de luxe comme avant la guerre. Ça coûte trop cher aujourd'hui et il n'y a plus autant de fortunes. Et puis, on travaillait pour les Grands-Ducs de Russie ! Dans un atelier où je me trouvais avant la guerre, nous avons travaillé pendant deux ans à cinq lustres destinés à l'un des palais du Grand-Duc Paul : c'était magnifique ! »

Les riches et les princes servent donc à permettre aux ouvriers des industries de luxe de vivre, aux arts de naître et de se développer. Cet ouvrier bronzier est cependant communiste. Il se plaint de voir péricliter son métier ; il en attribue la cause à la diminution ou la disparition de nombreuses fortunes. Il ne songe pas un instant à se demander ce que deviendraient son métier et tous ceux qui en vivent si la révolution communiste achevait l'œuvre de désordre et de ruine de la guerre. Son visage donne cependant l'impression d'un homme intelligent. Le métier qu'il exerce exige qu'il le soit. Mais, comme beaucoup de ses camarades, la plupart peut-être, même s'ils ne lisent que le *Petit Parisien* et ne se préoccupent que de sports, il reste imprégné de l'esprit frondeur de ces ouvriers parisiens des petits ateliers — non de la grande industrie — qui ont fait les révolutions de 1830, 1848, 1870, et, non seulement les journées de Juin, mais la Commune. Leur esprit traditionnel, depuis un siècle, est anticlérical, radical, puis socialiste, mais toujours révolutionnaire, pour deux raisons fondamentales : en dehors du métier, ils souffrent d'une ignorance totale ; en dehors de l'atelier, ils ne forment qu'une poussière incohérente de citoyens. Et comme ils sont doués d'une intelligence vive, assimilatrice et stimulée, à Paris, par mille impressions diverses et fugitives qui leur donnent l'illusion de savoir, ils deviennent aussitôt la proie de l'idéologie et les victimes des meneurs ; toutes les rêveries, même insensées, pourvu qu'elles soient colorées de générosité, les séduisent, et tout beau parleur, pourvu qu'il flatte leurs vagues aspirations vers un monde meilleur, capte leurs énergies. Le remède consiste donc, à l'inverse, dans une forte culture positive et dans la discipline du corps professionnel. Les événements que nous traversons aideront à l'administrer.

En face de la population ouvrière du Marais, inorganisée et perméable à toutes les influences, se dresse la population juive du Marais, fortement organisée, impénétrable et envahissante. Le vieux ghetto parisien était ramassé autour de l'église Saint-Paul-Saint-Louis, dans les rues de l'Hôtel-de-Ville, du Figuier, des Jardins-Saint-Paul, des Rosiers et des Escouffes. Dans ces deux dernières rues, on voyait, autrefois déjà, deux ou trois boutiques ornées de lettres hébraïques. Actuellement encore, sur les trottoirs, dans les boutiques et les maisons, ce ne sont que Juifs.

Par contre, ils commencent à déserter les Jardins-Saint-Paul, leur repaire le plus sordide, où les remplacent leurs victimes, des Russes misérables, qui ont réussi à s'enfuir, ruinés, de leur pays livré à la tyrannie du soviétisme juif. Déjà, bien avant la guerre, la population juive, en progression constante, avait envahi le quartier du Temple. Ce mouvement s'est accentué, depuis la guerre, dans des proportions considérables. Le samedi, le *carreau* du Temple est absolument désert : le repos sabbatique est scrupuleusement observé ; le dimanche, au contraire, le marché aux habits — où l'on ne vend plus, à de très rares exceptions, que du neuf — est en pleine effervescence. Avant la guerre également, les Juifs, patrons et ouvriers, avaient accaparé les ateliers de fabrication de vêtements et de casquettes, assez nombreux au Marais ; depuis la guerre, ils commencent à pénétrer, comme patrons, dans l'industrie du bronze et de l'orfèvrerie. Un restaurant, situé au coin de la rue du Temple et de la rue de Rambuteau, servait avant

1914 de lieu de réunion aux Juifs nihilistes de Russie ; on y pouvait voir quotidiennement Lénine et Trotsky ; des conférences étaient données à un public choisi. Depuis 1919, le ghetto juif du Marais a pris une extension considérable dans la double direction de la rue du Temple et de la place de la Bastille ; la densité de sa population est beaucoup plus grande au voisinage de la rue Saint-Antoine qu'aux approches du quartier des Enfants-Rouges. Les enseignes en caractères hébraïques se multiplient : par exemple, sur les glaces d'un restaurant de la rue Elzévir. Près de là, rue des Francs-Bourgeois, une marchande de journaux vend des journaux *yidish*. Dans les environs, les murs sont couverts d'affiches en cette langue, qui publient le programme des théâtres *yidish*. Dans le bas de la rue Vieille-du-Temple, se trouvent un bar et deux restaurants exclusivement fréquentés par les Juifs ; on voit un autre de leurs restaurants rue du Roi-de-Sicile. On pourrait multiplier ces quelques exemples. Le nombre des synagogues s'accroît rapidement ; le peuple parisien les désigne par le mot *chioule* dont il entend les Juifs faire usage.

§ 5. — Mon logis au Faubourg du Temple. Restaurants et Cinémas.

J'ai vainement cherché à me loger au Marais. Tout un après-midi, de garni en garni, j'ai demandé sans succès une chambre. « Rien pour le moment, tout est complet », me répondait-on invariablement. Tout au plus ai-je pu découvrir, à deux reprises, une chambre à la nuit pour laquelle on me demandait la modeste somme de douze francs. Je dus me résigner à me rendre dans le quartier voisin, le Faubourg du Temple, où j'eus enfin la bonne fortune de trouver, près de l'Avenue de la République, un cabinet dont le locataire venait de partir. Cet hôtel meublé compte une centaine de chambres, presque toutes disposées en profondeur sur des courettes étroites qui leur distribuent parcimonieusement l'air et la lumière.

Le cabinet, que j'ai loué dix-huit francs par semaine, mesure deux mètres cinquante de longueur sur un mètre cinquante de largeur et moins de deux mètres cinquante de hauteur. La superficie en est encore réduite par le pan coupé où s'encadre la porte. La fenêtre occupe, à vingt centimètres près, toute la largeur de la façade : elle n'est pas munie de volets ni de persiennes, ni de jalousies, ni de doubles rideaux, mais les rideaux de vitrage sont enduits d'une crasse assez épaisse pour isoler du monde extérieur le locataire. Dans un coin, une planche pour poser des effets. Au mur, deux patères de quatre têtes chacune. Pour mobilier : une chaise, à siège de bois plein : une table de bois blanc, mesurant cinquante centimètres sur trente, pour la toilette, et pourvue d'un tiroir qui s'ouvre à l'aide d'un clou ; une cuvette en fer émaillé, un broc, un seau, une petite serviette ; enfin, une couchette de fer, dont la maigre literie disparaît sous un couvre-pied taché et crasseux. La ruelle laissée libre entre le lit et le mur est si étroite

que la chaise l'occupe toute entière, de sorte qu'il me
faut la déplacer pour aller de la porte à la fenêtre.
Le sol est carrelé. Le fenêtre ferme mal et la porte est
consolidée par un fil de fer. Les cabinets installés
dans l'escalier, à chaque étage, sont exigus et obscurs,
mais pourvus d'une chasse d'eau et proprement tenus.
La période de fraîcheur que nous traversons me déli-
vre des punaises ; elles restent tapies dans leurs
trous, mais il n'est pas douteux que la chambre en
soit infestée, car le papier garde la trace des parasites que de précédents locataires y ont écrasés. Une
boutique du voisinage, comme j'en retrouverai dans
les autres quartiers, étale au-dessus de sa porte, sur
un vaste carré de toile blanche, une réclame en faveur
d'un produit dont l'efficacité pour la destruction des
parasites est déclarée souveraine.

L'hôtel est habité par quelques jeunes gens, jeunes
filles ou femmes seules, mais surtout par des familles
ouvrières. D'un côté de ma chambrette, c'est une
famille avec la grand'mère, les parents, les enfants ;
de l'autre côté, un ménage avec enfants. Ils ne font
jamais de bruit ; c'est à peine si je m'aperçois que
ces chambres sont habitées.

Je rencontre parfois des enfants dans l'escalier : un
matin, de bonne heure, une petite gamine rapportant
la boîte de lait, puis un gamin avec un paquet ; un
jour, à midi et quart, un jeune homme, puis une
jeune femme, portant l'un et l'autre du pain, de la
charcuterie, quelques menues provisions ; ils montent
déjeuner sommairement chacun dans sa chambre, peut-
être préparer rapidement des aliments sur un poêle

ou un petit fourneau. Un autre jour, à midi trente, je croise un jeune garçon qui monte un pain, j'entends une fillette sortir d'une chambre voisine en lançant un « Bon appétit ! » joyeux. Un soir, à huit heures, une porte s'ouvre au moment où je passe et, sur le seuil, apparaît une gracieuse adolescente de quatorze à quinze ans ; je croise deux jeunes femmes portant des bols ; d'une chambre, vient un léger bruit d'assiettes. Un jeudi soir, à huit heures et demie, je prenais des notes, me servant de mon lit comme d'une table ; j'entends une jeune fille monter l'escalier en parlant haut ; sa mère l'interrompt : « Ne fais pas tant de bruit. — Oh ! à cette heure, personne ne dort encore ! — Mais si ! les enfants ! » Un autre soir, je rentre à dix heures trente : dans une chambre, on joue agréablement du violon ; dans une autre, qui ouvre sur une misérable courette et où, de l'escalier, ma vue plonge, j'aperçois, près de son vieux père, le fils très occupé à monter une petite machine électrique. Parfois, sur le palier ou à une porte, quelques mots sont échangés. Dans l'escalier, on se croise en s'effaçant contre le mur et en se disant « Pardon ! » Ce sont, tous, gens laborieux et bien élevés qui éprouvent moins le sentiment de la curiosité à l'égard du voisin que le souci de la discrétion ; ils cherchent plutôt à s'ignorer et à se replier sur eux-mêmes, pour sauvegarder la dignité de leur pauvre foyer de hasard.

Le quartier du Faubourg du Temple s'étend au nord du Marais et à l'ouest du quartier Popincourt, entre la rue Oberkampf et l'hôpital Saint-Louis, entre la place de la République et les Boulevards extérieurs. La rue du Faubourg-du-Temple et la rue Saint-Maur, la rue de l'Orillon, la rue des Trois-Bornes et la rue d'Angoulême en forment le centre. Les ateliers de petite métallurgie n'y sont pas rares. Le boulevard Richard-Lenoir, l'avenue de la République et l'avenue Parmentier pratiquent de larges percées, de physionomie bourgeoise, dans les pâtés de maisons à façades noirâtres où habite une population de boutiquiers, d'employés et de salariés. Le petit commerce domine dans ce quartier, surtout rue du Faubourg-du-Temple, pourvoyant aux besoins de ses habitants en alimentation d'abord, en boisson et en vêtements ensuite — articles qui paraissent dans les quartiers bourgeois de simples accessoires, mais qui constituent le tout de la vie ouvrière.

Au cœur de ce quartier, rue Saint-Maur, se dresse l'église Saint-Joseph. Ses trois nefs contiennent moins d'un millier de chaises. Un dimanche matin, à la messe de sept heures, je compte cent cinquante assistants, dont une dizaine d'hommes et de jeunes gens. A huit heures, à la messe des écoles, j'évalue à trois cents le nombre des fidèles, y compris les enfants des écoles chrétiennes qui entrent dans ce chiffre pour les trois quarts ; dans l'assistance, j'aperçois seize hommes et cinq jeunes gens. Si chacune des huit messes réunissait quatre cents personnes, cela ferait trois mille deux cents catholiques pratiquants dans une paroisse d'au moins cinquante mille âmes.

Il convient de noter que le grand éloignement des églises, par suite de leur rareté, met un très grand nombre de personnes bien intentionnées dans l'impossibilité matérielle de les fréquenter ; aussi l'ouverture d'un nouveau lieu de culte provoque-t-il aussitôt une affluence de fidèles dont le sentiment religieux reçoit désormais satisfaction.

Bien autrement sollicité, le goût du plaisir ! Ouvriers et ouvrières qui, chaque soir, regagnent leur gîte du faubourg, rencontrent tout d'abord l'*Alhambra*, le *Tivoli-Ciné* et le *Concert du Temple*, dont les façades flamboyantes tirent les yeux. Mais, tout comme *Ba-Ta-Clan* pour Popincourt, ce ne sont pas là des spectacles de quartier : on y vient de tous les coins de Paris. Le Faubourg du Temple ne prend vraiment sa physionomie propre qu'au delà des quais de Jemmapes-Valmy. Et encore, le ciné *Palais de glaces*, situé au delà de ces quais, dans le bas de la rue du Faubourg, se ressent-il, bien qu'il soit vraiment un cinéma de quartier, de l'influence voisine du centre de Paris. La salle en est vaste et belle, sobrement décorée, pourvue d'un plafond mobile. J'y constate, un samedi soir, une grande affluence de travailleurs du voisinage : femmes en cheveux, familles, mais surtout, en majorité, des jeunes ouvriers ; beaucoup ont amené leur amie ; les casquettes de drap, les vestons sombres des uns s'accouplent avec les corsages décolletés des autres et leurs chevelures coupées au ras de la nuque ou ramenées en grosses masses sombres sur les joues. Le prix des places varie entre un franc soixante-quinze et six francs ; pas une seule place ne reste libre.

Dans le haut de la rue du Faubourg-du-Temple, le

cinéma ne coûte que de un franc vingt-cinq à deux francs. La salle est très fruste, les murs nus. Un dimanche soir, elle n'est qu'aux trois quarts emplie par des gens du quartier, où les familles dominent. Les femmes ont fait toilette : corsages légers et décolletés, petits souliers très découverts et à très hauts talons, cheveux soigneusement fixés par de multiples peignes d'écaille. Les jeunes gens, coiffés de casquettes de drap, ne portent ni faux-col ni gilet. Toutes ces petites gens viennent boire à la coupe de l'illusion et de l'oubli en s'abandonnant au jeu des images comme ils s'abandonnent à la fantaisie des romans-feuilletons. Hier, on les transportait dans le Far-West américain « *Avec les loups* » ; aujourd'hui, dans un drame tiré de Balzac, « *L'auberge rouge* » ; et, dans les deux cas, ils échappent pour quelques heures au prosaïsme de leur vie réelle.

Les besoins de l'imagination sont mieux servis que ceux de l'âme — nous l'avons vu — ou que ceux du corps : je n'ai découvert qu'un établissement de bains-douches dans le Faubourg du Temple et qu'un seul dans le quartier du Temple. Là, un dimanche matin, à onze heures, nous sommes dix ouvriers à attendre notre tour. Deux d'entre eux lisent *Le Journal* ; deux autres, des journaux sportifs ; un autre, *Le Quotidien*. Le bain coûte un franc ; un savon, quinze ou vingt-cinq centimes ; une serviette, vingt-cinq centimes. Ce prix est encore trop élevé pour que l'usage du bain-douche se généralise.

Les restaurants populaires sont très nombreux. Le matin, je prends mon petit déjeuner dans le corridor d'une maison où une femme fait chauffer du lait et du chocolat au lait ; un bol de chocolat avec un petit pain coûte soixante-dix centimes ; un certain nombre d'ouvriers s'arrêtent là avant de gagner l'atelier.

Dans un restaurant du quartier, le soir, trois ouvriers de quarante à cinquante ans, assis à une table voisine de la mienne, s'entretiennent longuement de politique extérieure : signe des temps ! Il n'en eût pas été ainsi avant la guerre. Je ne saisis que des bribes de leur conversation. Comme ils sont loin de l'internationalisme que prêchent les orateurs de la rue de la Grange-aux-Belles ! Ils disent qu'il faut se défier de l'Angleterre et se défendre contre les menées anti-françaises ; ils ne voient pas dans l'Italie la nation-sœur et ils affirment qu'après notre victoire nous aurions dû marcher droit sur Berlin pour y signer la paix.

Une autre fois, je mange à côté de deux ouvriers du bâtiment. L'un d'eux, parlant d'un camarade, dit à son voisin : « Il a du caractère. Il est *dominatif.* »

En me nourrissant d'une façon très frugale et en me privant de vin, je parviens à ne dépenser pour un repas que deux francs dix ou deux francs quarante :

1°	Pain	0.20
	Sardine à l'huile	0.60
	Morue frite	0.75
	Riz au gras	0.40
	Pourboire	0.15
		2.10

2°   Pain 0.25
       Andouillette aux pommes 0.80
       Rizotto 0.60
       Suisse au sucre 0.60
       Pourboire 0.15
                                      ————
                                      2.40

Mais on se rend compte qu'il serait impossible à un travailleur de s'alimenter habituellement d'une façon aussi peu substantielle. Il reste donc acquis que la dépense strictement nécessaire à un repas modeste ne peut descendre au-dessous de trois francs cinquante à quatre francs comme nous l'avons déjà vu au Marais et comme nous le constaterons dans les autres quartiers.

Le soir, entre six et sept heures, la rue du Faubourg-du-Temple offre le spectacle d'une animation extraordinaire ; elle fourmille d'ouvriers, d'ouvrières, d'employés, qui remontent du centre de Paris vers Belleville. *Il y en a, du trèfle !* (1) De temps à autre, au milieu de cette foule rapide, passent dans un ronflement les voitures, chargées de monde, du funiculaire. Derrière les glaces des boutiques, étincelantes de lumière, les marchandises s'entassent dans un ordre savant et sous des annonces séductrices. Jusqu'en haut de la colline, cinémas, concerts et théâtres multiplient, dans l'éclat des rampes électriques, l'appât de leurs promesses. Jeunes et vieux se hâtent vers l'étroit logis, emportant incrustées dans leurs prunelles les

(1) **Expression d'argot qui signifie : il y a beaucoup de monde.**

flamboyantes images dont se nourrira, jusqu'à ce qu'il soit enfin satisfait, leur désir. Au coin du sombre Passage Corbeau, un attroupement. Un homme pérore : « Approchez ! Allons, approchez, mes frères, je le veux !... Ah ! ce que je vends, ça n'est pas cher : un franc ! *vingt croques !* c'est-à-dire quatre sous d'avant-guerre, car, vous savez, l'argent d'aujourd'hui, c'est du camembert comprimé garanti incassable... Croyez-le si vous le voulez !... La chanson que je vends à ce prix dérisoire, c'est donné ! Mais je ne vous recommande pas d'aller la chanter dans les rues, car vous vous trouveriez aussitôt installé sur la tête d'un sergot et vous auriez droit, tout comme moi si on me surprenait ici, au panier à salade et à une place pour le pôle Nord, la mer glaciale, je veux dire la Glacière, où il en faut, une Santé !... (1) Ne montrez pas non plus mes petits papiers à vos voisins qui pourraient être chastes et purs : rien qu'à voir mes petites images, ils sauteraient sur les becs de gaz et retomberaient par terre en se cassant la g..., ce qui ferait des accidents : la suppression du mouvement par le choc, quoi ! J'ai donné là-dessus une conférence à des savants qui en bavaient !.. Ah ! j'aurais bien fait au moins un avocat ! Et me voilà ici, Passage Corbeau, dans les courants d'air, en train de vous exposer, grâce à votre haute et bienveillante attention, l'avantage que vous trouverez à acquérir ma petite collection pour la somme infime de

(1) Allusion à la prison de la Santé, située dans le quartier de la Glacière.

vingt ronds ! Hâtez-vous avant qu'il tombe de la flotte.
Voici ce que je donne... Et surtout ne le mettez pas
dans le pot au feu : ça ne ferait pas un ragoût...
Voici ma collection : les *Œuvres secrètes*, de Piron ;
La Nuit, chanson du Chat Noir, et, par dessus le
marché, *Le ruban à transformations*. Voyez plutôt... »

Et se penchant, l'air égrillard et mystérieux, il
laisse entrevoir d'obscènes images aux hommes, adolescents, garçonnets, pressés autour de lui dans l'ombre du Passage où rôdent, fardées, les filles.

CHAPITRE II

POPINCOURT
LA PETITE METALLURGIE

§ 1. — Un atelier de robinetterie.

Après *avoir été sur le sable* (1), j'ai trouvé du travail dans un atelier de robinetterie du quartier Popincourt. Nous faisons cinquante heures de travail hebdomadaire, réparties de la façon suivante : cinq heures le samedi matin, de sept heures à midi ; huit heures le lundi, de huit heures à midi et de une heure trente à cinq heures trente ; neuf heures les trois jours suivants, le travail commençant à sept heures du matin ; dix heures le vendredi, où la sortie n'a lieu qu'à six heures trente le soir. La journée de neuf heures est très bien supportée ; la journée de dix heures est pénible ; la fatigue se fait sentir au cours de la dixième heure et surtout de la dernière demi-heure.

Payés aux pièces, les ouvriers gagnent entre deux

(1) Terme d'argot qui signifie : chômage prolongé.

francs vingt et quatre francs vingt-cinq l'heure ; c'est le gain courant dans tous les ateliers du quartier. La paye a lieu le samedi, chaque quinzaine, avec versement d'acompte le samedi intermédiaire. L'atelier occupe une trentaine d'ouvriers : tourneurs, perceurs, coupeurs, limeurs, soudeurs. Il est installé au fond d'une cour sur laquelle il prend jour par une paroi vitrée. Près de l'entrée, s'ouvrent les cabinets. Le bureau ouvre sur un couloir où sont disposés des placards pour nos vêtements de travail ou de ville. L'atelier est encombré de machines-outils ; pas un pouce de ce terrain si coûteux n'est perdu ; du plafond noyé dans la pénombre, descendent les multiples traits sombres des courroies de transmission, toutes vibrantes de l'énergie qui les meut ; leur sourd ronronnement soutient d'une note monotone le concert déchaîné par le métal que les machines supplicient ; par instants, ce sont de brusques crissements, des stridulences, des miaulements, des rugissements même qui font penser aux hôtes furieux d'une ménagerie cachée.

On m'a donné à conduire une machine à percer. Je débute par un lot important de brides de cuivre sur lesquelles une série de trous doivent être pratiqués. La seule difficulté, d'ailleurs légère, consiste à percer les trous au centre même de petites spatules en forme de demi-circonférence. D'un même geste, sans cesse répété, la machine débrayée, je place la patte de cuivre sous la pointe du foret et, pendant que je la maintiens de la main gauche, j'abaisse, de la main droite, le levier qui amène et maintient le foret au contact. Le contre-maître est compétent, zélé et bien-veillant, les ouvriers actifs et tout entiers à leur tâche ; il n'y a ni heurts dans la direction, ni temps perdu dans l'action.

Mon voisin semble âgé tout au plus de vingt-cinq ans. Son visage pâle et amaigri fait penser à un tuberculeux. Il est misérablement vêtu. Une alliance brille à son doigt. Très taciturne, il ne me dit jamais ni bonjour ni au revoir. Une fois, je lui demande s'il gagne suffisamment à sa machine ; il me répond du bout des lèvres : « Je suis payé à l'heure ». C'est tout ce que j'ai jamais pu tirer de lui.

Mes compagnons de travail sont fort médiocrement vêtus. Ils me donnent l'impression d'appartenir à une catégorie d'ouvriers inférieure d'un échelon à celle des ouvriers du bronze. Mais leurs façons ne sont pas moins correctes. A l'arrivée au vestiaire, on entend quelques « Bonjour, Messieurs ! » Chacun s'habille vite, se rend à sa place et, au coup de sif-flet, attaque son ouvrage. Un autre coup de sifflet marque la fin de la séance : immédiatement, tout s'arrête ; nous nous hâtons au lavabo, nous quittons promptement nos effets d'atelier, nous gagnons la porte et chacun s'en va rapidement de son côté. Il n'y a que peu ou même pas de camaraderie. Pendant le travail, quelques mots rapides sont de loin en loin échangés. Un jour, un tourneur, passant près de moi, me dit : « Ça marche ? » Le lendemain, un autre : « Ça gaze ? »

Un matin, comme nous arrivons au vestiaire, un tourneur s'écrie : « Ah ! tout de même ! ce que le métro a pris ! La circulation est interrompue depuis la station Louis-Blanc jusqu'à la station Jean-Jaurès : l'eau du canal Saint-Martin a envahi le tunnel ! » Il venait de lire l'incident sur le journal et cet insignifiant fait-divers avait suffi pour délier les langues. Un autre tourneur réplique aussitôt : « C'est pire qu'une inondation. — Allons donc ! reprend le premier, on voit bien que tu n'étais pas à Paris lors des grandes inondations de la Seine, il y a douze ans ! — Mais non ! s'entête l'autre ; une inondation, ce n'est rien, puisque l'eau, après être venue, se retire ; tandis que c'est tout le métro que l'eau du canal peut submerger ! » Et comme son contradicteur veut répliquer, il lui impose silence par un énergique : « Tu n'entends rien aux inondations ! »

De même qu'en chacune de mes enquêtes antérieures, cette vie de salarié fait en moi un grand vide dont je ressens encore plus la tristesse lorsque le travail, monotone et matérialisant, s'achève. Après le repas de midi, comme mes compagnons, je finis de lire le journal et je vais m'asseoir près d'eux, sur un banc du boulevard Voltaire ou du boulevard Richard-Lenoir. On respire le grand air, on regarde les passants. Mais l'heure de la reprise du travail approche, rapide. On se dirige bientôt vers l'atelier ; on attend à la porte, un moment encore, et, la dernière minute écoulée, on rentre.

J'ai achevé de percer tout un lot de pièces qui m'avait été confié et j'ai taraudé leurs tiges. Le contre-maître me place alors sur une autre machine à percer : le foret, semblable à une forte aiguille, pratiquera deux petits trous successivement dans l'extrémité bifide d'un clapet à eau. Je reçois un lot de trois mille de ces clapets. Il me suffit d'emboîter successivement chacun d'eux dans une pièce d'acier et de faire descendre le foret dans un orifice conducteur qui y est aménagé. Au bout de quelque deux cents perforations, le foret se brise. « Voyez, fait observer le contre-maître, il s'est brisé à la sortie du premier trou parce que tout d'un coup il n'a plus rencontré de résistance ; c'est une cause de rupture. — Comment l'éviter ? — Ah ! ça, c'est affaire de doigté ; il faut *sentir*. On ne peut pas expliquer cela. C'est un instinct que l'on acquiert par une pratique prolongée. Mais, aujourd'hui, on met n'importe qui sur une machine. Aussi les échecs ne manquent-ils pas. Ce n'est pas pour rien qu'un long apprentissage était exigé autrefois !... Après dix ans, trente ans de métier, on a l'habitude des choses... Mais aujourd'hui, tout le monde se jette dans la métallurgie... »

Les gains varient avec la nature du travail. Deux tourneurs me disent un jour qu'avec les pièces dont ils sont actuellement chargés, ils n'arrivent pas à gagner plus de trois francs cinquante par heure. Mais, une autre fois, un tourneur est ravi d'avoir réussi à se faire trente-cinq francs en neuf heures avec le genre de pièces qu'on lui avait données à façonner. La supputation du bénéfice que peut leur procurer telle ou telle sorte de pièces alimente presque tous les propos échangés au cours du travail. Mes voisins, deux décolleteurs, se préoccupent sans cesse, et de mesurer le temps nécessaire pour débiter les pièces qu'ils ont reçues, et de calculer le gain horaire qu'elles leur vaudront. L'un d'eux s'approche de moi : « Vous devriez demander à faire du décolletage. Ça n'est pas difficile, le tour à revolver. J'y travaille seulement depuis la guerre : auparavant, j'étais mineur. Mais je n'ai pas voulu retourner dans la mine : à cinquante ans, on est usé ! Sans doute, le mineur trouve certains avantages : le charbon gratuit, une maison avec jardin, la retraite. Mais c'est un travail bien dur et c'est du sale travail !... »

Un tourneur se met à chanter. Il peut avoir de vingt-cinq à vingt-huit ans. Je lui dis : « Vous chantez comme au printemps et nous en sommes déjà loin ! » Il répond : « Le printemps est dans mon cœur. Vingt ans et toutes mes dents. Je me sens rajeunir chaque jour. »

Pendant que la scie mécanique tranche une pièce d'acier, un autre tourneur exhale sa mauvaise humeur contre l'ancien contre-maître : « C'est lui qui a voulu me faire faire ça ! Il a bien fait de partir ! C'était un nerveux et un malade : toujours agité, toujours sur notre dos, toujours à nous adresser des observations ! Quand on commande, il faut voir les choses de plus haut, ne pas descendre sans cesse dans les détails, ne pas vouloir faire tout soi-même et ne pas embêter son monde. Et puis, ne pas faire des observations qui tombent à faux : quand j'ai tort, j'ai tort et j'admets qu'on me le dise ; mais quand j'ai raison, je n'admets pas qu'on vienne me dire que j'ai tort. »

Un tourneur rentre à l'atelier après huit jours de congé. « Hein ! lui disent ses camarades, t'en aurais bien voulu davantage ? — Ah ! on s'y habituerait. Mais faut se faire une raison. Ça ne peut pas durer toujours. Et plus on en aurait, plus on en voudrait. Alors, autant revenir au boulot. J'ai eu de l'agrément, après tout ! »

Un matin, les journaux nous apprennent que, la Grèce n'ayant pas accordé à l'Italie les satisfactions demandées pour l'assassinat des plénipotentiaires italiens, Mussolini occupe Corfou après en avoir bombardé les forts. Ce fait provoque quelques commentaires des ouvriers, à leur arrivée au vestiaire. L'un d'eux, un grand blond à l'accent faubourien, ayant dit qu'il avait entendu, cette nuit, un grand orage, de violents coups de tonnerre : « C'est, lui crie un jeune décolleteur, les coups de canon de Corfou ! » Et, se tournant vers nous : « Il a entendu le canon italien ! Faut-il qu'il ait le *corps fou !* » Le grand blond riposte aussitôt : « Eh bien ! maintenant que les Italiens ont traversé *l'os* (l'eau) ils vont entrer dans la *graisse* (Grèce). » Un des arrivants ne connaît pas l'événement. « Parbleu ! remarque son voisin. Tu ne lis que ton *Auto !* C'est pas comme ça que tu peux savoir ce qui se passe ! » A côté de moi, Marnay, tourneur d'une quarantaine d'années, au visage énergique et hautain, au verbe autoritaire, enfile sa veste bleue et la boutonne sur son gros ventre. « Tout ça, fait-il, pourrait bien finir par une guerre. Voyez-vous qu'on se remette à tourner des obus ! Ce qui vient de ces pays-là ne vaut rien. Ça a commencé comme ça, en 1914, avec Sarajevo. » Et, se tournant vers moi : « Qu'est-ce que nous sommes sur la terre ? Rien du tout. Moins que rien. Pas même des mouches ! Mais de la m... de mouche ! On n'a qu'à passer la main dessus et tout s'efface. C'est sept ou huit bonshommes, qui ont le pognon, qui conduisent tout : quand ils ont besoin d'une guerre, ils la font faire. Ils sont sept ou huit ; il y a Rothschild... et puis... ah ! je ne me souviens plus des autres... Enfin ! il y a Rothschild, Rockefeller... et puis... Peu importe ! Ils sont une dizaine, en tout... »

Quelques jours plus tard, je dis à Marnay : « Eh bien ! on n'a pas encore la guerre à propos de l'Italie et de la Grèce ? — Oh ! répond-il, il ne faut pas se réjouir trop vite : elle pourrait bien encore éclater. Enfin ! l'affaire est entre les mains de la Société des Nations, qui a bien voulu s'en charger, heureusement !... » Après des vues justes, une naïveté. Le lendemain même, les journaux nous apprennent que l'Italie refuse de reconnaître la compétence de la Société des Nations. Et Marnay qui comptait sur cette intervention pour trancher le différend !

Le lundi matin, personne ne manque à son poste : l'atelier est au complet et chacun travaille avec zèle. Auguste, l'apprenti, qui compte une quinzaine de printemps et qui travaille à côté de moi : « Ah ! s'écrit-il, le lundi, je suis courageux ! — Parce que vous vous êtes bien reposé samedi soir et hier. — Oh ! hier, j'ai passé la journée à la piscine Ledru-Rollin pour apprendre à nager. Mais je ne demeure pas dans le quartier ; je demeure aux Lilas. — Ça doit être tout à fait comme une ville, les Lilas ? — Tout à fait, mais nous demeurons tout de même dans notre maison, qui a un jardin, l'eau, le gaz et l'électricité. Et puis, les communications sont faciles : il y a tramway, autobus, métro. Je viens à l'atelier en une demi-heure. Le repas de midi, je le prends au restaurant... Oui, les Lilas, c'est une ville. Pour trouver la campagne, il faut aller à Montfermeil, qui est tout près. Ça, c'est la vraie campagne. Ah ! c'est joli ! Il y a des arbres. J'ai là un oncle qui possède une propriété. Il y a aussi un château qui date de la Renaissance. C'est très beau. Malheureusement, il est très abîmé et la commune n'est pas assez riche pour le restaurer... Ah ! allez ! Montfermeil, ça deviendra comme les Lilas ! Il y a des gens qui y achètent des terrains pour construire... »

L'employé de bureau, un jeune homme de vingt-trois ans, vient dans l'atelier, une petite pièce de métal à la main, et s'installe pour la percer, à la machine. Un décolleteur l'interpelle : « Eh ! dis donc ! c'est pas ici la place des employés ! — Sais-tu pas, fait l'autre, que j'ai travaillé sur tour depuis quatorze jusqu'à vingt ans ? — Pourquoi t'as quitté ? — Tiens ! employé, on est mieux !... »

J'ai taraudé les clapets à eau que j'avais percés, j'ai percé de neuf trous tout un stock de plaques de métal pour chauffe-bains. Toutes les pièces accumulées, dont l'achèvement pressait, ayant subi la transformation requise, le contre-maître ne peut plus, pour le moment, me donner du travail. Il ne me reste plus qu'à « *m'en aller à la pêche* » (1) après être « *passé à la banque* » (2).

§ 2. — Quartier et logis
Restaurants — Cinémas et Cafés-concerts
L'invasion étrangère

« *La Popinque* », comme on dit vulgairement pour désigner le quartier de Popincourt, continue directement le Marais et occupe une bonne partie du XIe arrondissement. Limité par le boulevard des Filles-du-Calvaire et le boulevard Baumarchais, la rue de la Roquette, la rue Oberkampf, l'avenue Parmentier, ce quartier constitue, avec le Marais, le domaine propre des ouvriers sur métaux : on y retrouve les ouvriers du bronze, mais on y trouve surtout les ateliers de petite métallurgie. Ils y pullulent, envahissent cours, arrière-cours, passages. Sur les plaques de pierre, de bois, de cuivre, de zinc, sculptées, gravées, émaillées, accrochées un peu partout au dessus des portes ou sur les piliers des portails, on lit : — *Laminage sur métaux — Fabrique de tubes — Cuivrerie artistique — Repoussage sur métaux — Bronze — Dorure et argenture — Bronzeur, Vernisseur et Polisseur — Quincaillerie fine — Appareils d'éclairage — Outillage — Clouterie — Ferblanterie — Appareils de douches — Serrurerie artistique —*

(1) Terme d'argot qui signifie : quitter l'atelier par suite d'un chômage accidentel.

(2) C'est-à-dire : avoir touché sa paye.

Robinetterie — Zinquerie — Modelage mécanique — Electroplastie — Perçage — Décolletage — Fonderie — Tubes — Appareillage électrique — Emeulage et laminage — Bronze imitation. — Ce ne sont qu'ateliers de la petite industrie, dont le personnel habite généralement le quartier même ou ses abords immédiats et se recrute surtout parmi des Parisiens d'une ou de plusieurs générations. Ils débordent la *Popinque*, envahissent la rue Basfroi, le Faubourg du Temple et le quartier Saint-Maur jusqu'aux boulevards de Belleville et de Ménilmontant, mêlés aux bars, restaurants, débits, aux boutiques du vêtement, de la chaussure et de l'alimentation. Mais c'est surtout dans le quartier de Popincourt qu'ils se concentrent, s'entassant dans le même immeuble, se succédant dans les cours qui, par deux, quatre même, se déroulent au plus profond des vieux immeubles noirs. Derrière leurs murs crasseux, leurs façades sordiles, toutes ces bâtisses grossières, vétustes et sombres, cachent l'activité laborieuse de fourmilières humaines. Les constructions modernes, entre lesquelles s'allongent les boulevards dont ce quartier est transpercé, font illusion sur la vie véritable que recèlent les petites rues, les ruelles, les impasses, les passages, les cités, auxquels souvent on n'accède que par une grille ou un porche qui semblerait ne pouvoir conduire qu'à des demeures privées. Sur le coup de midi, tous ces ateliers déversent leur foule qui s'écoule à flots : femmes en cheveux, hommes en vestons décolorés ouverts sur la chemise ou bien en salopette bleue. Les comptoirs en arrêtent quelques-uns au pas-

sage ; presque tous se hâtent au logis ou bien emplissent les gargotes et, le repas pris, s'assoient sur les
bancs des boulevards, au voisinage de l'îlôt sombre
où l'atelier se cache, et attendent l'heure de la reprise
du travail. Ce moment venu, le quartier semble
désert. Parfois, au cours de l'après-midi, un camion
le traverse, ou une voiture à bras, ou bien quelque
ouvrier en cotte bleue qui, envoyé en course dans le
voisinage, ou ayant réussi, sous quelque prétexte, à
quitter l'atelier pour de brefs instants, se glisse dans
un débit et y prend furtivement, debout au comptoir,
une consommation. A une heure trente, au moment
de la rentrée des ateliers, la rue du Chemin-Vert est
pleine d'ouvriers ; deux d'entre eux, voyant poser de
grandes affiches qui annoncent la prochaine appari-
tion d'un nouveau journal, *Paris Soir*, s'écrient : « Encore un journal ! menteur, voleur, comme tous les
journaux ! » A dix heures du soir, en semaine, j'aperçois quelques rares ouvriers assis aux terrasses des
cafés du boulevard Voltaire ou sur les bancs, cherchant un peu de fraîcheur à la fin de ces journées
accablantes de l'été ; d'autres, dans les bars et débits
des petites rues avoisinantes, font une partie de cartes
ou bavardent accoudés au comptoir. On n'est guère
élégant dans ce pauvre quartier ; même les jeunes
gens, à quelques exceptions près, sont généralement
vêtus comme les hommes, comme les vieux, de vêtements fripés, sombres, déteints ; coiffés de casquettes
usagées, ils ne portent pas de faux col, ils sont chaussés souvent de pantoufles, ou de souliers de toile,
ou de « bains de mer » ; leurs visages sont trop

souvent pâles et creusés. Je rencontre parfois aussi
de très pauvres gens, des vieillards misérablement
vêtus de nippes décolorées, rapiécées, déchirées et
graisseuses.

Rien ne peut mieux donner une image exacte des
besoins populaires que la sèche énumération des boutiques de la partie de la rue Popincourt comprise
entre la rue Sedaine et la rue de la Roquette. Sur
une longueur de cent cinquante mètres environ, je
compte un lavoir, cinq hôtels meublés, un horloger-
bijoutier, deux merceries-bonneteries, deux boucheries,
un marchand de volailles, trois charcuteries, deux
boulangeries, trois marchands de beurre et fromages,
cinq épiceries, quatre marchands de vin en bouteilles
à emporter, onze bars, cafés, débits dont deux sont
également restaurants. La préoccupation constante,
prédominante, obsédante, pour le petit peuple des travailleurs, c'est le boire et le manger, et gagner pour
manger afin de vivre.

Leurs préoccupations intellectuelles ? Pour autant
que les devantures de marchands de journaux du
quartier — en même temps papetiers et libraires —
peuvent porter témoignage, voici ce qui s'y étale le
plus communément : *L'amour au cœur*, 0 fr. 25 ;
L'amour errant, 1 fr. 50 ; *Les crimes de l'amour,
millions ou misère*, 1 fr. 75 ; *Le marché d'amour,*
0 fr. 60 ; *Trahie par son cœur*, 0 fr. 50 ; *Les folles
aventures du galant Duraffut, le colon et la jolie poli-
cière*, 0 fr. 45 ; *L'Almanach de la vie de garnison.*
Quant aux journaux, *Le Petit Parisien* s'entasse en
grosses piles, tandis que le *Matin* et le *Journal* n'en

forment qu'une seule ; à côté d'eux, prennent place une dizaine de numéros du *Petit Journal*, puis de l'*Humanité*, puis du *Quotidien*, et quelques numéros de l'*Œuvre*, de l'*Echo de Paris*, de feuilles sportives.

La « culture » des habitants du quartier ne les élève guère au-dessus de leurs inquiétudes matérielles. Rien ne les incite à fréquenter l'église Saint-Ambroise qui, édifiée au centre même de Popincourt, constitue la principale paroisse peut-être des ouvriers sur métaux.

Le dimanche, à la messe des hommes, à huit heures, je compte tout au plus quatre cents fidèles, dont une moitié composée de femmes et, l'autre, d'hommes, de jeunes gens et d'enfants. En supposant la même assistance à sept des messes dominicales et le double à la huitième, nous arriverions à un total de trois mille six cents catholiques remplissant ce devoir essentiel, dans une paroisse de quatre-vingt mille âmes. Il est vrai que, l'été, ce chiffre est inférieur à celui du reste de l'année, beaucoup de Parisiens, même de la classe populaire, passant tout le dimanche dans la banlieue.

J'ai trouvé avec peine à me loger. J'avais découvert une chambre libre dans un hôtel d'ouvriers très modeste, mais qui venait d'être entièrement repeint au dedans comme au dehors : honorable exception dont j'étais tout naturellement tenté de profiter ; mais le prix s'élevait à trente-cinq francs par semaine et un ouvrier comme moi, qui gagne seize francs par jour, ne peut s'offrir le luxe d'une chambre à cinq francs. J'ai pu, par bonheur, en découvrir une autre au cœur même de la *Popinque*, au prix de trois francs cinquante, qui pèse déjà assez lourdement sur mon maigre budget. Les « meublés » sont cependant en grand nombre dans ce quartier, en particulier rue Popincourt, rue Sedaine, rue du Chemin-Vert et dans les cités, impasses, ruelles ou passages qui se ramifient à travers le pâté de maisons circonscrit par la rue du Chemin-Vert, le boulevard Voltaire et le boulevard Richard-Lenoir, ou, sur le flanc gauche de Saint-Ambroise, entre la rue Oberkampf, l'avenue Parmentier et la rue de la Folie-Méricourt.

Ma chambre est au premier étage, sur rue, d'une vieille bâtisse noirâtre, à l'escalier raide et étroit. C'est une cellule de trois mètres cinquante de long sur un mètre quatre-vingts de large, au papier vieilli, au parquet soigneusement lavé, au plafond pourvu d'une lampe électrique et dont le mobilier comprend : un lit de fer avec une literie crasseuse, quatre patères, une petite armoire, une glace, une table de nuit, une petite table de toilette avec seau, broc, pot et cuvette de fer émaillé, une seule serviette ; enfin, une très petite table en bois blanc et deux chaises. Un couloir très étroit et très obscur dessert, à chaque étage, les chambres. Une série de chambres s'ouvrent également sur la cour étroite et profonde. Les cabinets, aménagés dans l'escalier, sont exigus, mais pourvus d'une chasse d'eau et proprement tenus. Le plus grave inconvénient de cet hôtel résulte de la nécessité pour les vingt-cinq ou trente locataires de traverser la salle du débit et de passer devant le comptoir de zinc avant de gagner l'escalier. Il présente un

autre inconvénient que je retrouverai dans tous mes
logements pendant la chaude période d'été. Le premier soir, un samedi, couché vers dix heures trente,
je ne tarde pas à éprouver l'impression d'un cha-
touillement léger et incessant sur mes oreilles et sur
mon cou. A onze heures, je me lève brusquement, je
tourne le commutateur : mon oreiller était noir de
punaises de toute taille ! Un fourmillement de bes-
tioles surprises et fuyant éperdûment la lumière ! Je
parviens à en saisir cent soixante que je noie dans
mon seau. A minuit, je suis obligé de me relever et
j'en tue quarante-cinq. De minuit vingt-cinq à minuit
quarante, quatre-vingt neuf ; de minuit quarante-cinq
à minuit cinquante-cinq, trente et une ; de une heure
cinq à une heure dix, trente-trois. Les rumeurs qui
ne cessaient de monter de la rue et des bars, soute-
nues par l'accompagnement de l'accordéon du bal
voisin, s'apaisent. Mais non point la rage de mes
ennemies : de une heure vingt à une heure trente,
j'en tue trente-huit ; de une heure quarante-cinq à
une heure cinquante-cinq, soixante-dix ; de deux heures cinq à deux heures quinze, quarante-six ; de deux
heures cinquante à trois heures, cinquante-deux. Mais,
à trois heures, l'électricité s'éteint brusquement : mes
logeurs, impatientés d'entendre le parquet gémir au-
dessus de leurs têtes, ont coupé le courant... La rue
est devenue tout à fait silencieuse. Il me faut maintenant subir le supplice des morsures de punaises : bien
que j'en aie tué cinq cent soixante-quatre, de nouvelles
assaillantes surviennent qui me dévorent. Dès quatre
heures trente, des voitures et des camions dansent

sur les pavés de la rue qui résonne à grand fracas. Je me lève à six heures et j'extermine encore quarante de ces parasites acharnés dont les légions semblent inépuisables. Au total, six cent quatre ont été tués. Mais je n'ai pas dormi trois heures. Telle fut ma première nuit de villégiature à *la Popinque*. N'oublions pas que les ouvriers y villégiaturent toute l'année et même toute leur vie.

La deuxième nuit fut un peu moins mauvaise : couché à dix heures, je me relève de onze heures trente à onze heures cinquante pour tuer cent trente-deux punaises ; de minuit vingt à minuit trente-cinq, pour en tuer cinquante-quatre ; de minuit cinquante à minuit cinquante-cinq, pour en tuer dix. A cette heure-là, l'accordéon du bal voisin s'est tu ; mais la rumeur des voix des clients des bars continue de monter de la rue jusqu'à moi. De une heure dix à une heure vingt, j'en tue vingt-sept ; de deux heures quinze à deux heures vingt-cinq, quarante-cinq. La rue est devenue profondément silencieuse. Je m'éveille à quatre heures trente et j'en tue dix-huit. Au total, deux cent quatre-vingt six.

La troisième nuit, recru de fatigue, je ne me réveille qu'une fois, à onze heures quarante-cinq, et, en cinq minutes, j'en tue vingt-sept.

La quatrième nuit, encore accablé de sommeil, je ne me réveille qu'à minuit quinze et j'en tue dix-sept.

Les nuits suivantes, las de ma journée de travail, je dors assez profondément pour ne m'éveiller qu'une ou deux fois, et j'en tue entre deux ou trois et dix-sept, ou même, une nuit, trente. Un de ces massacres a lieu dans la nuit du mercredi au jeudi ; il est une heure du matin ; j'entends dans l'escalier la voix et le rire d'une femme ; un homme répond ; ils descendent ; à l'entresol, ils demandent qu'on leur ouvre la porte et ils sortent ; une rumeur monte de la rue ; elle vient, comme toutes les nuits, du carrefour Sedaine où, en deux cafés, les Juifs tiennent leurs assises permanentes.

Un samedi, à midi, je rencontre dans l'escalier un gosse de dix ans qui monte le pain et les petites provisions de sa famille. Une autre fois, je croise une femme portant un litre sous le bras et, à la main, une casserole pleine de bouillon. Mais chacun se hâte vers sa chambre et s'y enferme, sans souci du voisin. On s'ignore les uns les autres.

Deux maisons se dressent de l'autre côté de la rue, juste en face de mon garni. C'est lundi. Il est sept heures du soir : je remarque un bébé à une fenêtre de l'une d'elles, et un autre sur le bras de sa mère, à une fenêtre du second immeuble. Ce qui fait au moins deux enfants pour deux maisons ! La femme berce le bébé pendant que le père, un ouvrier, ayant quitté veste et gilet, joue de l'accordéon. A une autre fenêtre, un vieux, en bras de chemise, lit son journal. Par une fenêtre ouverte, j'aperçois un jeune homme qui aide sa jeune femme à mettre le couvert.

Huit heures : dans les débits ouverts au rez-de-chaussée, des ouvriers s'arrêtent un instant et, debout devant le comptoir, font un bout de causette ;

quelques-uns s'assoient à une table pour une brève partie de cartes. Du fond de mon garni, j'entends aller et venir ses divers hôtes : je les reconnais à leur pas, à leur voix, dans l'escalier : des familles et leurs jeunes enfants ; des hommes de tout âge et de tous métiers ; quelques vieilles femmes ; l'une d'elles dit à sa voisine : « Je suis lasse, sais-tu, à faire des journées de douze heures ! » De l'autre côté de la rue, en face, le jeune ménage a terminé son repas ; la jeune femme, en peignoir ample de couleur rose, se met à coudre près de la fenêtre ; au quatrième, un homme en bras de chemise a placé une chaise sur le balcon, s'est assis et prend le frais. Au premier étage de la maison suivante, la mère et le fils, accoudés, regardent les passants ; au second étage, un vieil homme, attablé, dîne ; un autre, en gilet, près de la fenêtre du logement voisin, lit le journal aux dernières lueurs du jour. Dans le bar, le patron va et vient derrière son comptoir en fer à cheval, s'activant à servir ; accoudés sur l'étain, de jeunes ouvriers jouent aux dés leurs consommations ; une grosse femme, d'âge mûr, une bouteille sous le bras, entre, prend un apéritif et s'en va ; presque aussitôt, deux jeunes filles et une femme la remplacent ; à une petite table, une femme et deux ouvrières se sont assises pour prendre une consommation. Puis, le bar se vide entièrement. Quelques minutes plus tard, d'autres clients y pénètrent. Plus loin, dans un débit de vins, un homme et une femme, cheveux grisonnants, sont attablés devant une chopine. Sur le seuil d'une charcuterie, le

garçon charcutier flâne : la fillette du patron survient et bavarde avec lui en sautillant d'un pied sur
l'autre.

Dix heures : une dizaine d'ouvriers ont envahi
le bar et une femme aux cheveux blancs, demi-ivre,
mène grand tapage en criant des grossièretés dont
les buveurs s'amusent.

Le lundi, comme le samedi et le dimanche, jusqu'à
deux heures du matin, la rue Popincourt est agitée
et bruyante. De mon lit, j'entends ses rumeurs, traversées, par moment, par des cris, des appels et des
chants. Et je tue trente punaises.

Les prix des objets en boutique sont plus élevés
qu'au marché : une chemise de travail, neuve, en
coton de couleur bleue ou beige, coûte onze francs
au *Carreau* (1) ou *aux puces* (2) et douze francs qua-
tre-vingt-quinze en boutique rue Popincourt. Dans
une épicerie de cette rue, le savon de toilette le
moins cher coûte un franc quatre-vingt-dix ; *aux
puces*, on en vend à soixante centimes. Dans une
boutique de la rue de la Roquette, une casquette de
drap coûte douze francs ; un complet veston en drap,
de cent à cent quatre-vingt-dix francs ; le pantalon
seul, depuis trente francs (mais de quelle qualité !).
Des chaussures, de quarante à soixante-dix francs.
Ma note de blanchissage pour une semaine monte
à deux francs quatre-vingt-cinq centimes :

(1) Le Carreau d Temp

(2) Le marché ι se tient chaque dimanche à la Porte de
de Clignancourt.

Une chemise (sans amidonnage) 0.80
Un caleçon......................... 0.80
Un gilet de flanelle............... 0.80
Une paire de chaussettes........... 0.30
Un mouchoir........................ 0.15
                                     ————
                                     2.85

Il m'est impossible de faire racommoder mon linge, si coûteux à acheter ! « Je connaissais plusieurs femmes, me dit la blanchisseuse, qui avaient accepté de s'en charger ; mais elles ne veulent plus continuer ; elles disent qu'une chemise, c'est trop difficile à réparer, et que, des chaussettes, ça les ennuie. Elles calculaient cependant leurs prix sur le pied de deux francs l'heure et on ne les marchandait pas. Mais elles n'en veulent plus. Ça ne leur plaît pas, ce travail-là. Même les vieilles femmes le refusent. »

Le matin, entre six et sept heures, en se rendant à l'atelier, les ouvriers s'arrêtent un instant dans les bars pour boire un café. Tout près de chez moi, sur le seuil d'un corridor, une femme prépare des bols de lait chaud, de café au lait, de chocolat ; une petite table et des chaises attendent et retiennent un certain nombre d'habitués. Le bol coûte soixante centimes, le pain vingt centimes. Ma journée débute par cette première dépense de quatre-vingts centimes et celle d'un journal de quinze centimes. Et voilà déjà un franc prélevé sur mon salaire de seize francs.

Un certain nombre de minuscules boutiques du quartier vendent aux gens du voisinage, à midi et le soir, des portions chaudes de poisson, viande, légumes, que les clients emportent chez eux. L'une de ces boutiques d'aliments cuits, rue Popincourt, mesure tout au plus un mètre cinquante de largeur sur trois mètres de profondeur. Les autres, rue du Chemin-Vert et ailleurs, ne sont guère plus au large. A midi, les ouvriers et ouvrières qui sortent des ateliers se pressent sur le trottoir, devant ces petites cuisines, pour acheter les portions qu'ils vont consommer dans un cabaret tout proche ou dans leur chambre voisine.

Dans un modeste restaurant de la rue de la Folie-Méricourt, je paie trois francs un dîner, sans vin, composé de :

Rognons sautés	2.00
Petit suisse	0.70
Pain	0.30
	————
	3.00

C'est un jeudi soir. Survient un ouvrier à la démarche vacillante, à l'air abruti. Il s'affale sur un banc, grognant : « C'est pas lundi aujourd'hui. Mais c'est tout de même lundi pour moi ! » Et il interpelle, en les tutoyant, ses voisins qui sourient avec bonhomie de ses propos incohérents.

Une fois, j'entre, à midi, dans un petit restaurant de la rue Bréguet-prolongée. Bien que je n'aie pas pris de serviette, on me compte soixante centimes pour « le couvert », parce que je n'ai pas consommé de vin. Dans le quartier, cette amende est souvent infligé à qui boit de l'eau par goût, par régime, ou par impécuniosité ; mais, partout ailleurs, elle n'est que de vingt centimes Dans un petit restaurant de la rue Popincourt, la bonne, faisant l'addition, me dit : « Vous n'avez pas bu, c'est vingt centimes de supplément. » Aussitôt, un ouvrier placé derrière moi se tourne vivement : « Qui donc n'a pas bu ? » Il en est scandalisé. Devant moi, un vieux répond en donnant un commentaire de mon abstinence : « Quand j'étais jeune, il y en avait qui ne buvaient que de l'eau par économie — le demi-setier ne coûtait cependant que trois sous — mais on les mettait à une table à part. » Je me retirai sous la réprobation générale. C'est la seule fois que j'eus à noter un menu incident de ce genre.

A midi trente, une religieuse, accompagnée d'un prêtre pauvrement vêtu d'une soutane décolorée et trop courte, qui lui faisait une silhouette quelque peu ridicule, débouche de la rue Bréguet-prolongée dans la rue Popincourt. Une dizaine d'hommes et de femmes qui déjeunaient dans un petit débit, les ayant aperçus par la porte ouverte, se mettent à rire, sans hostilité, mais par raillerie et avec l'évidente conscience de leur supériorité sur ce couple pieux, ce prêtre mal vêtu.

Il m'arrive parfois de déjeuner rue de la Roquette, dans un petit restaurant d'aspect misérable : un long boyau, qui s'ouvre, sans porte ni devanture, sur la rue et s'enfonce dans une demi-obscurité. Du trottoir, le pied passe sans obstacle sur son sol inégal, pavé de carreaux rouges. Les parois en sont dénudées, dépeintes et dégradées. Le mobilier est d'une rudesse et d'une pauvreté sans égales. La saleté s'y ajoute. Tout sent la misère, le découragement, l'abandon. Une vieille femme, une jeune femme et une jeune fille préparent la cuisine, servent aux tables et au comptoir. Je me rencontre là avec des manœuvres au visage dur et ridé, aux mains énormes, osseuses et noires. Je ne prends qu'une côtelette de porc aux choux, un fromage et un morceau de pain ; je bois de l'eau ; mon repas me revient à trois francs. Une autre fois, avec une saucisse à la purée de pommes, deux francs, des flageolets, soixante centimes, et du pain, trente centimes, l'addition monte à deux francs quatre-vingt-dix.

Plus haut dans la même rue, je trouve un restaurant populaire, vaste, très sobrement mais très convenablement installé, où l'affluence ouvrière est considérable. Deux bonnes servent les vingt-cinq ou trente tables. Avec un morceau de pain et de l'eau, une sardine à l'huile, un macaroni, un cœur à la crème et le pourboire, je dîne pour un franc quatre-vingt dix. Un autre soir, en remplaçant la sardine à l'huile par une chicorée cuite, mon addition monte, pourboire de vingt centimes compris, à deux francs dix centimes.

Il me faudrait ne pas dépenser plus de deux francs cinquante à trois francs au maximum pour mon repas. Mon salaire de seize francs pendant trois cents jours ouvrables, me procure une recette annuelle de quatre mille huit cents francs, soit treize francs quarante-quatre par jour pour une année de trois cent soixante-cinq jours. En dépensant six francs seulement pour les trois repas et trois francs cinquante pour ma chambre, soit trois mille quatre cent soixante-sept francs cinquante par an pour la nourriture et le logement, il me reste mille trois cent trente-deux francs cinquante pour toutes les autres dépenses : vêtements, linge, chaussures, blanchissage, et le reste. On ne peut compter moins de trois cents francs de vêtements, cent francs pour le linge, autant pour les chaussures, environ cent cinquante francs au plus strict minimum pour le blanchissage (trois francs par semaine). Il reste six cent cinquante francs environ, moins de deux francs par jour pour les moyens de transport, journaux, savon, cirage, bains, cotisation au syndicat et denier du culte, etc... Il est malaisé de joindre les deux bouts. La moindre économie est impossible. Et l'on suppose que le travail ne manque jamais, ni par maladie, ni par chômage. Le salaire de seize francs pour un adulte est, il est vrai, le salaire minimum. Mais un grand nombre ne touche que ce minimum. Les salaires des ouvriers qualifiés, dans le bronze ou la petite métallurgie, avoisinent trente francs. Mais nous n'avons considéré qu'un ouvrier célibataire. Pour faire vivre femme et enfants, le salaire de trente francs même avec les allocations familiales, suffit tout juste.

Encore n'ai-je réussi à équilibrer le maigre budget du salarié payé seize francs qu'en fixant à six francs la dépense quotidienne en nourriture. Mais les menus qui permettent de ne pas dépasser ce chiffre prouvent l'impossibilité de comprimer à ce point, sans dommage pour la santé, la dépense de l'alimentation. Peu de travailleurs pourraient se passer de vin toute l'année ; un demi-setier (quart de litre) à chaque repas, c'est une dépense supplémentaire de trois cent soixante-cinq francs par an. En outre, les menus indiqués montrent combien est peu substantiel un repas dont le prix descend au-dessous de trois francs.

Le plus souvent, je prends mes repas dans une misérable gargote, sombre et enfumée, de la rue Popincourt.

Voici un menu frugal et sans vin :

Omelette	1.50
Fromage	0.70
Pain	0.20
Eau	0.20
Pourboire	0.15
	2.75

Des carafes ou des bouteilles emplies d'eau sont disposées sur les tables de tous les restaurants. Presque tous les ouvriers, dans le quartier, boivent leur chopine (demi-litre), qui coûte un franc.

Voici un menu très simple, mais avec viande :

Gigot aux nouilles..............	2.00
Purée de pommes.............	0.60
Fromage	0.60
Pain	0.25
Pourboire	0.15
	3.60

Avec de l'eau : 3.80 ;
Avec un demi-setier : 4.10 ;
Avec une chopine : 4.60.

Encore, pour prendre ce repas, le confort le plus
élémentaire fait-il totalement défaut : les clients s'entassent autour de petites tables trop étroites, pressées
dans une sorte de couloir exigu et obscur, empli de
fumée, d'odeurs de fritures et de bruit ; les aliments
sont cuisinés tout contre la rue et des gens font queue,
à midi, sur le trottoir, pour acheter des portions
chaudes ; au delà du fourneau, quarante ou cinquante
ouvriers de tout âge sont attablés, serrés coude à
coude, impatientés par la lenteur du service et dépensant chacun de quatre à cinq francs pour son repas.
En face de moi, sont assis un apprenti de quinze ans
et un vieil homme de soixante-huit, comme il a la
coquetterie de s'en vanter, car il ne les porte pas. Il
continue de travailler : cela va de soi ; le salarié
prend sa retraite au cimetière. Le bonhomme porte
chapeau melon. Ses yeux intelligents et narquois brillent derrière des lunettes. Il lit la *Lanterne*. Il est
bien de son temps ! Comme il date ! Et son journal
aussi ! Deux fossiles. Il conte à l'apprenti qu'autrefois, il y a un demi-siècle, il gagnait dix sous de
l'heure et déjeunait pour onze sous. L'apprenti n'en
revient pas ! Abasourdi, il ouvre des yeux énormes.
« Parfaitement ! reprend le vieil ouvrier. En ce temps-
là, on avait un demi-setier de vin pour trois sous. »
Et l'apprenti solde son repas : quatre francs. Le
mien, plus modeste, coûte encore trois francs trente :

Maquereau vinaigrette 1.20
    (même prix pour un bœuf garni)
Macaroni 0.50
Camembert 0.70
Demi-setier 0.55
Pain 0.20
Pourboire 0.15
                                           ————
                                           3.30

Si je demande un plat de viande plus substantiel et plus agréable que le bœuf bouilli, et si, par contre, je supprime le vin, mon addition est plus élevée ; on me compte, d'ailleurs, un supplément pour l'eau :

Eau 0.20
Pain 0.30
Veau braisé 2.00
Haricots verts 0.70
Fromage 0.60
Pourboire 0.15
                                           ————
                                           3.95

Le soir, trois Italiens au teint basané et aux nez aquilins fréquentent le restaurant en galante compagnie. L'un d'eux retire son veston pour montrer les tatouages qui ornent son bras et entr'ouvre le mince tricot qui lui couvre la poitrine pour faire admirer le tatouage qui s'y étale.

Parmi les autres habitués, deux mouleurs prennent place non loin de moi : un vieil homme, d'une soixantaine d'années, et un jeune homme qui porte de vingt-huit à trente ans. « ... Oui, fait le vieux, pourquoi sommes-nous sur terre ? Pour qui ? et pour quoi ?... Personne n'en sait rien... C'est un mystère... — Le mystère de l'Incarnation, interrompt, narquois et brusque, le jeune homme. — De l'incarnation et de la destruction, reprend l'autre vivement. Bah ! tout de même, on approche peu à peu de la vérité. — Ça se fait par l'évolution, affirme le jeune homme. — Oui, c'est le progrès par la science, conclut le bonhomme. Songeons que le plus petit acte accompli sur terre, la moindre vibration, se répercute dans tous les astres, dans tout l'univers. » Les idées agnostiques de ce salarié et sa foi au progrès par la science datent du temps, peu lointain, où le scientisme de Spencer, Renan et Berthelot, faisait loi. Que c'est donc loin ! La science, un jour, expliquerait tout. En attendant, rien n'était expliqué. On rejetait la seule explication possible du monde et de notre présence sur la terre : celle que nous donnent la métaphysique et la révélation.

Un autre soir, le même vieil ouvrier, mécontent d'une réponse de la servante, grommèle : « Depuis des siècles, on envoie des missionnaires chez des sauvages. Les sauvages ! il n'en manque pas ici ! Vous verrez qu'on finira par envoyer ici des missionnaires ! » (Acceptons-en l'augure). « ... Ah ! dame ! reprend-il, pour ce qui est de la réception, elle sera p'utôt mouvementée !... » (Qui sait?... Et d'ailleurs, qu'importe ! les missionnaires en ont vu d'autres ! Et il ne s'agit pas d'eux, mais du résultat à atteindre !)

Je vais quelquefois aussi déjeuner dans un restaurant notoirement fréquenté par « les rouges » : vaste, clair, propre, installé à la moderne, et plein de clients. Je leur suis inconnu : plusieurs habitués me dévisagent attentivement au passage. Quelques numéros de *l'Humanité* sont déployés. Mon repas me revient à quatre francs dix centimes, avec le menu suivant :

Demi-setier	0.50
Deux morceaux de pain (un gros et un petit)	0.40
Aloyau champignons	1.90
Riz	0.60
Cœur à la crême	0.70
	4.10

Ma table faisant partie de celles que sert le patron, il n'y a pas de pourboire à donner. Autour de moi, les consommateurs prennent, en outre, un dessert : l'un, une tarte, soixante-dix centimes ; un autre, du raisin, soixante-dix centimes ; un troisième, des biscuits, soixante centimes. Trois jeunes hommes, d'environ vingt-cinq ans, lisent des feuilles de sport et discutent avec animation à propos des coureurs cyclistes ; on songe à Byzance passionnée pour les cochers du cirque. Deux hommes, de quarante à cinquante ans, se répandent en louanges sur l'excellence de la préparation de l'aloyau aux champignons, puis discutent à propos du haut prix des produits des campagnes, accusent les paysans de réaliser des gains énormes et crient qu'il est abominable d'être ainsi volé.

Un vendredi, j'ai en face de moi un petit homme bedonnant, aux mains noirâtres, à l'œil vif, au teint couperosé, la tête enfoncée dans les épaules ; son veston sale s'ouvre sur la chemise sans faux-col. A son voisin, un camarade d'atelier, il dit, avec l'accent traînant des faubourgs : « Le temps se détraque ; ça s'annonce bien pour dimanche. — Comment cela ? fait l'autre, surpris. — Mais oui ! ça va frétiller !... Si tu me voyais dans mon petit coin... et va donc !... » Un clignement d'œil, un geste bref et discret de la main ramenée à hauteur de poitrine, le geste du pêcheur qui fait sauter l'hameçon et sa prise hors de l'eau. « ... Et tu me verras revenir avec une friture... Dame ! c'est mon plaisir, ça !... » Et, tous deux, de discuter sur goujons et gardons, tanches et brêmes, sur le meilleur moyen de les accommoder : « Ah ! t'sais ! et puis, avec cette sauce-là, c'est fameux !... »

L'après-midi des dimanches d'été, ce ne sont dans le quartier que promeneurs au pas lent, groupes d'amis accoudés au comptoir d'étain d'un débit, flâneurs assis sur les bancs de la place Voltaire et regardant les passants, car les gens se donnent en spectacle les uns aux autres ; affluence autour des cinés, affluence dans les nombreuses petites salles de bal aménagées au fond de la boutique d'un marchand de vin et où l'accordéon nasille ; les couples tournent sous les guirlandes de papier de couleur ; dans la rue Basfroi et dans la rue de Lappe, les valses et les tangos s'interrompent parfois pour permettre aux fils de l'Auvergne de danser une gracieuse bourrée.

Les ouvriers endimanchés se promènent, dans mon quartier, pour la plupart sans faux-col, même les jeunes ; ils affectionnent les fines chaussures, exhibent des complets de drap à la mode, avec le pantalon retroussé sur la chaussette au goût du jour ; ils sont coiffés d'un chapeau de paille ou d'un feutre mou, ou d'une casquette de drap ; ils portent une chemise de fantaisie ; mais, décidément, le faux-col leur déplaît ! Des couples précoces et de très libre allure circulent au milieu de cette foule en vêtements de fête. Dans les rues du quartier, les gens s'assoient sur des chaises placées sur le trottoir, à la porte des couloirs ou des boutiques, et les enfants jouent sous leurs yeux. C'est un peu de vie de famille, calme et reposante, dont on surprend le spectacle dans ce quartier banal et morne.

L'ivrognerie est d'une extrême rareté. J'en relève trois cas, un après-midi dominical : à deux heures, rue Popincourt, sur le seuil d'un cabaret, un ouvrier se retient au chambranle de la porte, l'œil vague, l'équilibre incertain ; à cinq heures, boulevard Richard-Lenoir, une femme ivre est affalée, inconsciente, sur un banc, au milieu d'un attroupement, pendant que, sur le trottoir, un ouvrier, tête nue, les vêtements souillés, titube.

Les différentes salles de spectacle font de belles recettes. *Le Ciné Richard Lenoir*, en matinée, donne *L'homme sans nom*, film tissé d'aventures invraisemblables qui passionnent et ravissent la petite salle, presque entièrement remplie de jeunes gens, surtout d'enfants et de quelques familles. Le prix des places, en deuxième classe, est de un franc vingt-cinq.

Un *Concert*, très fréquenté, situé près de la place de la Bastille, et dont l'entrée coûte de un franc cinquante à cinq francs, recrute son public populaire dans les quartiers voisins : des hommes et des femmes de tout âge, quelques familles, mais, pour les trois quarts, des jeunes gens et des jeunes filles des adolescents, des couples très jeunes. Avant le lever du rideau, une musique gaie et sautillante prédispose les spectateurs aux idées et sentiments joyeux et tend à les soustraire à la discipline de la volonté, si elle subsiste encore. Dans une loge, un jeune homme, coiffé d'une « *deffe* » (1), tient tendrement enlacée sa « compagne », en cheveux. Dans la loge voisine, une famille ouvrière : le père et le grand-père, la « *bâche* » (2) sur la tête, veston ouvert sur la chemise sans faux-col, sont assis derrière la femme ; elle tient sur son bras l'enfant qui crie. Çà et là, dans la salle, s'aperçoivent quelques enfants accompagnés de leurs parents.

Le rideau se lève sur un décor printanier. Les chansons vont se succéder : elles seront, demain, fredonnées à l'atelier et dans la rue, au fond du logis sombre où elles porteront leur joie immorale. Le rythme en est gracieux et berceur avec, brusquement, des chutes canailles ; il mêle les accents senti-

(1) Casquette.
(2) Casquette.

mentaux aux cadences libertines ou crapuleuses, jette les broderies légères de notes charmantes sur un texte tour à tour poétique et arsouille, dont les images passent du scepticisme complaisant et lassé à la passion capricieuse et brutale, de la gaudriole à l'amertume, et, ardentes ou amusées, indifférentes ou excitantes, s'amalgament en un singulier et dangereux songe d'euphorie sensuelle où tout l'être glisse et s'abandonne.

A la chanteuse, belle et qui, d'un air pudique, dévide des couplets impudiques, succède le comique qui traite d'un ton irrésistiblement drôle les mêmes indécences et fait rire l'auditoire après l'avoir enchanté. J'y remarque une femme aux cheveux gris qui accompagne ses deux fils, un soldat et un garçon d'une douzaine d'années. Les jeunes couples affectent des poses nonchalantes et abandonnées, épaule contre épaule, mains enlacées. Au balcon, des « calicots » aux suprêmes élégances, aux façons de gens du monde blasés, s'étalent, flanqués de petites vendeuses en rupture de comptoir, aux toilettes excentriques et dénudantes. Plus loin, avec leurs amies, d'autres jouvenceaux ou des soldats. Bref, le Tout-Paris ouvrier du plaisir précoce, de la débauche affichée et admise comme règle des mœurs. Et quelle prédication dominicale viennent-ils chercher ici ! Sur les visages tendus, on en lit l'effet immédiat : l'œil vif, qui détaille la danseuse, le sourire béat, bouche entr'ouverte, et, tout à coup, l'applaudissement sous le coup de l'ivresse physique, de l'exaltation des sens, de l'envol de l'imagination où tourbillonnent les séductions du plaisir.

Suggestionnés, lâchés ensuite dans la vie, ils y portent l'effet de ces inspirations : mariages raréfiés, tardifs, stériles. La chanson s'achève : « ... Ne salissez plus l'honneur de la femme ! » N'est-ce donc pas le salir que salir les imaginations ? Une autre artiste chante : « ... Tant que tournera notre machine ronde, les hommes se tueront pour conquérir le monde. » Voilà qui n'est guère pacifiste. La contre-partie ne tardera pas. Puis viennent encore des chansons comiques, pleines de drôleries et de traits qui ravissent et font éclater de joie ce public à l'esprit vif, mobile, railleur. D'un artiste comique, un jeune spectateur déclare : « Ah ! qu'il est bon, ç'ui-là ! Y vaut dix ! » Une chanteuse lui succède : « On vous dit : Faites des enfants. Répondez : Nous vous en ferons tant que vous voudrez, si la guerre ne revient jamais nous les prendre. » Mais la guerre est venue et reviendra parce que nous n'avons pas d'enfants ! Le peuple prolifique envahira toujours, et les armes à la main, le peuple stérile ! La chanteuse est énergiquement applaudie. Pendant que les artistes défilent sur la scène, le texte de leurs monologues ou chansons est vendu dans la salle et les sentiments dont il est chargé vont bientôt s'envoler au loin : « Quand on s'marie, ah ! quelle folie !... »

De la variété, du mouvement, du changement, sans fatigue pour l'auditeur auquel tout effort pour suivre et pour comprendre est épargné, tout cela, avec le reste — la grivoiserie, l'excitation sensuelle — explique le grand succès du caf'conc' : il attire, il plaît, il retient, il pourrit.

Le genre théâtral qui vise à créer autour des spectateurs une atmosphère d'émotion simplement suggérée ne peut guère réussir auprès d'un public populaire, étranger aux nuances psychologiques. Les travailleurs manuels vivent de réalités matérielles. Aussi le succès n'a-t-il pas répondu à l'initiative d'Albert Lévy, venu du *Grand-Guignol* sur la scène d'un *Concert* voisin de la place Voltaire pour jouer *L'inutile cruauté ; Simulo, scène des travaux publics ; Affaire de mœurs*. C'est, dit l'affiche, un « spectacle de terreur et d'émotion... La Direction conseille aux personnes sensibles et impressionnables à (*sic*) s'abstenir, déclinant toute responsabilité après cet avis. Aucune réclamation ne sera admise. » Ce mode de raccrochage reste sans action sur le public du voisinage. Le théâtre, en cet après-midi dominical, ne s'emplit qu'à moitié. Et les effets scéniques ne semblent guère causer aux spectateurs « terreur » ou « émotion ».

La salle compte quelques *terreurs* du quartier, avec leurs filles, un *type* à *tête de poisse*, un *lacromuche* et sa *grognasse*, dispersés au milieu d'honnêtes familles ouvrières : ici, la mère, sa fille et l'ami de celle-ci ; là, l'homme, le fils, âgé d'une quinzaine d'années, et la mère, une grosse femme que l'on prendrait facilement pour un *tapin* et qui porte une alliance ; plus loin, la mère et le père, un ouvrier qui tient sur ses genoux leur enfant — quatre à cinq ans, joli visage, beaux yeux, cheveux bouclés, et vêtu avec soin ; ailleurs, quelques jeunes gens, qui semblent des employés de commerce ou de bureau, des groupes d'enfants et d'adolescents, deux

couples ouvriers venus ensemble en partie carrée ;
un des hommes porte un pantalon de velours retenu
par une courroie de cuir ; sa veste flotte sur une
chemise sale, sans col, entr'ouverte sur le haut de
la poitrine ; il est coiffé d'une casquette plate à
visière de cuir ; une des femmes porte sur le bras un
marmot de dix à douze mois. Une fillette d'une douzaine d'années entre en compagnie d'une jeune fille
d'une vingtaine d'années ; elles sont seules, assez
coquettement vêtues, et le contrôleur des billets les
accueille comme des habituées. Surviennent deux jeunes filles vulgaires, bruyantes et décolletées ; trois
Juives et leurs fillettes ; une femme en cheveux, d'une
cinquantaine d'années, pauvrement mise, qui accompagne ses deux filles, assez provocantes avec leurs
poitrines et bras nus, leurs cheveux frisés et par-
fumés. Nombreux sont les jeunes ouvriers proprement
mais très modestement vêtus, et coiffés de casquettes
en drap de fantaisie.

Les places coûtent de un franc soixante-quinze à
trois francs. Une petite buvette s'ouvre directement
dans la salle : le prix des consommations varie entre
vingt-cinq et soixante-quinze centimes. Un petit
orchestre, composé d'un pianiste et de deux violo-
nistes qui *grattent le jambonneau*, se fait entendre
avant le lever du rideau.

L'inutile cruauté débute, dans le décor d'une gar-
çonnière, par un marivaudage entre une coquette et
un galant. La femme n'accordera ses faveurs que
si le soupirant tue le chien qu'il aime. Il s'y résigne
avec peine. La bête abattue dans la pièce voisine

(on entend le coup de feu), la capricieuse courtisane
se refuse à tenir parole. L'homme lui crie, furieux :
« Alors, je vais te tuer ! J'ai tué mon chien pour
en applaudissements. Une voix crie à l'actrice :
toi. Je te tuerai pour mon chien ! » La salle éclate
« Chienne !... » Mais le chien reparaît ! Son maître
s'était bien gardé de le tuer ; et il met à la porte la
courtisane. Le public n'a éprouvé aucune émotion à
la sentir en péril ; il ne s'est pas abandonné au petit
accès d'angoisse que l'épisode tendait à provoquer
Albert Lévy, le rideau tombé, se croit obligé de
venir haranguer les spectateurs pour les inviter au
plus profond silence, « l'effet » de la pièce ne pou-
vant être obtenu que si l'attention la plus soutenue
lui est accordée. Les spectateurs n'ont vu dans cette
intervention qu'un banal rappel à l'ordre, auquel ils
se sont soumis avec la sagesse d'écoliers dociles ;
ils n'ont pas compris qu'ils étaient simplement invités
à s'autosuggestionner, à tendre leurs nerfs jusqu'à
finir par éprouver le frisson de la crainte qu'ils se
seraient complaisamment donnée eux-mêmes ; mais qui
donc, dans ce quartier, souffre d'être affligé d'un
tempéramment fragile de petite maîtresse ?

Une affaire de mœurs détaille complaisamment un
épisode de prostitution et de crime, deux faits dont,
sous couleur d'art, on ne cesse de repaître le public qui
s'accoutume à envisager la vie dans cette perspective.

Un dimanche soir, le même établissement donne un
drame, *Manon l'apache*. Le prix des places varie entre
deux francs et trois francs cinquante. La salle regorge
de femmes et de jeunes filles, toutes en cheveux, et

surtout d'adolescents et de jeunes gens. La pièce est assez bête, truffée de crime, enlèvement et le reste, accumulés de façon invraisemblable sans qu'en aient conscience les spectateurs, empoignés par les sentiments violents et les péripéties brutales.

Le samedi soir, l'affluence dans les salles de spectacle est considérable. Le *Voltaire-Aubert-Palace*, situé rue de la Roquette, presque au débouché de cette rue sur la place Voltaire, accueillie dans son ample enceinte une foule énorme, composée de familles, de femmes de tout âge, d'ouvriers et d'ouvrières, jeunes ou d'âge mûr, isolés ou par couples, tous en vêtements de travail. Parmi les visages rudes, se remarquent les traits fins et réguliers de quelques ouvriers espagnols dont la voix harmonieusement grave et sonore met sa musique sur le bruissement monotone et doux des conversations françaises. Les places à un franc vingt-cinq et un franc soixante-quinze se garnissent les premières, puis, les places plus chères, de deux à quatre francs. A côté de moi, deux amoureux, plus que quinquagénaires, se tiennent en extase, mains enlacées. Les premiers rangs des fauteuils de balcon sont garnis de spectateurs en tenue bourgeoise, sans doute des boutiquiers et des employés de commerce. Non loin de moi, une famille juive se fait remarquer par son type si caractéristique ; et plus loin, çà et là, se détachent quelques autres profils de boucs.

Les films cinématographiques de ce spectacle, comme de beaucoup d'autres, et pour autant que j'en ai pu voir se dérouler paraissent généralement, au point de vue moral, assez inoffensifs. Mais l'instrument cinématographique est forgé et son action sera douée d'une irrésistible puissance pour fabriquer l'opinion d'un pays le jour où un intérêt majeur commandera à ses détenteurs d'en user dans un but défini. Le trust des films et des cinés tend à se constituer. Ce sont choses qui s'achètent, et, là comme en tout autre domaine, Sa Majesté l'Argent entend bien avoir le dernier mot. Et quel argent ? Qui donc, sur toute la face de la terre, le manie, et vise à être seul à le manier, et déjà semble presque toucher à la pleine réalisation de son rêve de toute puissance ?

Au programme de ce soir de l'*Aubert-Palace*, figurent un film à drôleries et acrobaties qui amuse et fait rire, un film de nouveautés dont les scènes sportives provoquent les applaudissements, un épisode de *L'homme sans nom* et *Le Château de la mélancolie*. La châtelaine, apprenant de son fils le choix qu'il a fait d'une jeune fille, s'crie : « Comment s'est-il permis de l'aimer sans ma permission ! » Les spectateurs rient aux éclats d'une pareille prétention. Son fils et sa bru partant au bal, la châtelaine leur recommande de ne pas rentrer après onze heures ; ce qui met le public en joie. Un prêtre joue dans l'épisode un rôle assez important et d'ailleurs sympathique, qui ne provoque aucune manifestation.

A l'entr'acte, la lumière se fait brusquement : derrière moi, un ouvrier, d'une cinquantaine d'années, dort profondément, la tête sur l'épaule de sa femme.

Considérable est le nombre des étrangers habitant mon quartier. On y trouve, comme partout, les

musulmans algériens ; une petite colonie de ces manœuvres occupe un garni à l'entrée de la rue de la
Folie-Méricourt ; une autre, un hôtel à l'entrée de la
rue Popincourt ; une autre, un garni sordide, boulevard Richard-Lenoir, à l'angle d'un passage. L'affluence des étrangers est telle qu'il m'arrive fréquemment de croiser des gens parlant une langue étrangère : un jour, rue Popincourt, je rencontre deux
Chinois, et, un autre jour, deux ouvriers italiens ;
une autre fois, je prends mon repas à côté d'un Por-
tugais ; un soir, je croise quatre ouvriers espagnols,
puis deux ouvriers italiens. Rue de la Folie-Méricourt, un hôtel-restaurant est uniquement fréquenté
par des ouvriers italiens. Ces derniers pullulent dans
le Faubourg Saint-Antoine, où l'on voyait déjà avant
la guerre un restaurant italien et un marchand de
journaux italiens. Rue de Lappe, une affiche de la
C. G. T. U. (1), rédigée en langue italienne, convoque
les ouvriers de cette nationalité à une conférence en
leur langue à la salle de la rue Gran. .aux-Belles.
Rue Basfroi, une affiche de la *C. G. T. U.*, rédigée
en italien, convoque à une réunion tous les Italiens
ébénistes du Faubourg. Une affiche en *yidish* et une
affiche en magyar ont été précédemment apposées. Les
groupes étrangers sont ainsi successivement agrégés au
bloc communiste et forment, sous le couvert de la
profession, les bataillons de l'armée anti-française
campée en France autour du drapeau révolutionnaire
et mobilisée contre la France et contre la civilisation.

(1) **Confédération générale du Travail Unitaire,** c'est-à-dire
communiste.

Dans une **boutique** de lingerie, bonneterie, vêtements de travail, de la rue Popincourt, où j'achète pour seize francs cinquante, une veste de travail en toile bleue, la patronne, une Juive, s'exprime en un français douteux et d'acquisition vraiment récente. Place Voltaire, un dimanche, je croise une demi-douzaine de jeunes gens, tous Juifs : l'un d'eux vient d'arriver des pays turcs, car il n'a pas encore perdu l'habitude de tenir à la main et d'égrener un collier de perles d'ambre. L'ampleur prise par l'invasion juive de ces quartiers est impressionnante. « Comme il y en a, des étrangers, dans le quartier ! » fais-je remarquer à mon logeur. « — Oh ! plus du tiers des habitants ! C'est comme ça depuis la guerre. — Des Juifs ? — Des Juifs ! Ils arrivent de Russie et de Turquie. Ils ont déjà accaparé tout le commerce. En dehors des marchands de vin, il n'y a peut-être pas un Français sur dix boutiquiers. Et maintenant qu'ils sont *assis* dans le quartier, rien à faire ! Plus ça ira, plus il y en aura. »

Les Juifs qui ont envahi le quartier Popincourt sont concentrés surtout dans la rue Sedaine et ses alentours où ils ont acheté toutes les boutiques de vêtements, chapeaux, chaussures, linge, bonneterie, mercerie, qui étaient à vendre ; le commerce des articles de lingerie pour forains est entre leurs mains.

Dans la courte fraction de la rue Sedaine comprise entre la rue Popincourt et le boulevard Voltaire, un hôtel et trois débits-restaurants sont tenus par des Juifs et fréquentés exclusivement par les Juifs ; les patrons et les garçons parlent mal le français ; ils s'entretiennent en italien ou en *yidish* avec leurs clients. Je demande à une fruitière voisine : « Qu'est-ce que c'est que tous ces gens-là ? — Oh ! il y a de tout, des Italiens, des Turcs, des Juifs, mais ils se comprennent tous et parlent la même langue. » Elle n'a pas discerné qu'ils étaient de même race, qu'ils appartenaient à la même nation et qu'à travers tous les Etats ils formaient un Etat. Dans deux cafés du carrefour des rues Sedaine et Popincourt, les Juifs du quartier tiennent, du matin au soir et fort avant dans la nuit, leurs assises : de tous nez, de tout âge et de tout poil, ils s'y entretiennent plus ou moins bruyamment en *yidish* ou dans leurs idiomes d'origine, plus ou moins pouilleux, mais peu à peu épouillés, ils sont filtrés, répartis et casés par les soins de leur gouvernement, aidés et poussés par leurs compatriotes, et, au gré de leurs dons personnels et de leur chance, substitués progressivement aux Français ; les plus adroits, dans dix ans, auront atteint les meilleures places dans le commerce, la banque, le journalisme, la politique ou les administrations, grâce aux intelligences qu'ils y possèdent et par la vertu de complices tout prêts à leur faire la courte échelle. A ce carrefour, ils ont leur Bourse de quartier, bureau de prêt et de placement, foire aux nouvelles, marché ouvert à tous les courtiers des diverses tribus et à toutes les affaires, aux « prolétaires » de leur race comme à ses « parvenus ».

De la rue Sedaine, les Juifs accapareurs passent sur le boulevard Voltaire et s'insinuent dans les rues voisines : rue Popincourt et rue du Chemin-Vert, où ils ont acheté boucherie et boutiques de lingerie et d'habillement dont l'enseigne étale parfois les noms orientaux des nouveaux propriétaires ; rue Basfroi, qui ne compte qu'une cinquantaine de numéros et dont les maisons, le petit commerce, même celui des fruits et légumes, sont envahis par une nombreuse population juive venue de Russie, de Pologne et d'Autriche. On les voit, les soirs d'été, se répandre sur les bancs de la place Voltaire et les terrasses des cafés environnants ; hommes de tout âge, femmes aux flancs abondants, têtes nues, environnés d'une bruyante marmaille. Rue Basfroi, une affiche, imprimée en caractères hébraïques, donne en *yidish* le programme des soirées d'un théâtre juif, le *Théâtre Renard*, 12, *rue du Renard ;* cette formule seule est imprimée en français. Deux autres affiches de théâtres, imprimées en *yidish*, contiennent les quelques indications suivantes en français : la première : *Théâtre-Palais du Travail*, 13, *rue de Belleville. Théâtre populaire israélite. Direction : Harry Rosenfeld.* La seconde : *Théâtre Lancry*, 10, *rue de Lancry. — Théâtre Royal-Variétés, Colombel frères, directeurs-propriétaires. — Théâtre La Fourmi*, 10, *boulevard Barbès. Direction : M. Blumenthal.* Au dessous de ce triple titre, s'étale le texte *yidish* avec les noms et portraits des artistes : « Baum, Mme Baum, Golstein, Mme Golstein, Léopold Jungwirth, Laura Glicksmann, Harris Feinberg, Mme Fény Waxmann, Mme Riten, Mme Turkewitcz, Wagner. »

Le matin, dans la rue Basfroi et la rue de la Roquette, se tient un marché des quatre-saisons :

on ne voit sur les trottoirs que Juives au nez crochu , aux lèvres épaisses , aux formes massives — poitrines surabondantes, larges hanches, croupes exagérées, ventres rebondis — vêtues de caracos malpropres et de jupes minables ou de robes de satin noir, mais toutes nu-tête, parfois accompagnées de leurs juivaillons ; elles font leurs provisions, s'arrêtent pour bavarder dans leur jargon, entrent dans les boutiques tenues par leurs congénères : tout le nouveau ghetto est en rumeur. Près de là, rue Popincourt, siège l'*Association orientale de Paris, dispensaire gratuit, sous la direction de M. le Docteur Eliacher*, et, rue Godefroy-Cavaignac, dissimulée au fond d'une cour, s'ouvre leur synagogue où, à certaines fêtes, par exemple au Yôm Kippour, les voisins voient affluer une foule extraordinaire de Juifs de toutes conditions.

Cette population exotique commence même à disputer aux Auvergnats le quartier qu'ils habitent dans le bas de la rue de la Roquette, entre cette rue et le Faubourg Saint-Antoine, où ils peuplent les ruelles, passages et cités disposés au voisinage de la rue de Lappe. Dans le bas de la rue de la Roquette, en effet, se voient, à profusion, des affiches en *yidish* sans autre mention en langue française que celle-ci : *Théâtre populaire juif de l'avenue Ledru-Rollin*, ou cette autre : *Union des Syndicats de la Seine, C. G. T. U., rue de la Grange-aux-Belles*. Le *Royal-Ciné* de l'avenue Ledru-Rollin sert, l'été, de théâtre juif : on n'y joue que des pièces en *yidish* ; une pancarte s'étale dans le vestibule, avec ces mots : *Théâtre yidish — Saison Axelrade.*

Dans cette même avenue, on me signale, entre combien d'autres, un immeuble neuf qui, sur six locataires, compte deux Français, un Turc et trois Juifs d'importation récente dont un seul parle français. Dans le Faubourg Saint-Antoine, les Juifs commencent à envahir la fabrication du meuble, industrie si éminemment française et parisienne. Une grande partie de la rue de la Forge-Royale est habitée par eux. L'après-midi, le square du Faubourg est plein de femmes juives, qui ne parlent que *yidish*, et de leurs enfants. A l'entrée du Faubourg, le *Casino de la Bastille* vient d'être transformé en synagogue : l'été dernier, à la porte, dont la vérandah était encore ornée des lettres électriques qui signalaient son ancienne destination, un grand tableau étalait deux affiches, l'une manuscrite où se lisaient ces mots : *Oratoire du Keren Kayemeth*, et l'autre imprimée en caractères hébraïques, avec cette seule mention en français : « *Soleil*, 41, Faubourg Saint-Antoine ». A l'automne, les lettres lumineuses étaient enlevées et rien ne désignait plus la synagogue qu'au fond du vestibule une grande table de la Loi découpée dans du papier blanc et collée au mur.

CHAPITRE III

———

BELLEVILLE
UNE FONDERIE

———

§ 1. — Fondeurs et Mouleurs

Les petites fonderies parisiennes sont nombreuses.
Des deux principales catégories d'ouvriers qui y travaillent, les fondeurs n'appartiennent pas en général
aux partis politiques extrémistes, tandis que, le plus
souvent, les mouleurs sont des « rouges ». Cette différence trouve peut-être son explication dans ce fait
que les premiers travaillent isolément et dirigent assez
librement leur travail, tandis que les seconds, nombreux et groupés, plus étroitement commandés et
surveillés, réagissent contre cette discipline et s'exal-
tent mutuellement, grossissant leurs griefs et s'entraî-
nant à tous les excès, suivant le rythme des phéno-
mènes soumis aux lois de la psychologie collective.

Un patron fondeur me dit que, dans son atelier,
« les communistes comptent parmi les meilleurs »
de ses ouvriers : « Je ne puis leur faire aucun reproche pour leur travail, et leur habileté profession-

nelle contribue à assurer leur ascendant sur leurs camarades. J'ai eu récemment une grève : il a suffi que deux de ces ouvriers donnent un ordre pour que tous les autres leur obéissent comme un troupeau... Mais on a grand tort de redouter les communistes : ils se tiennent coi dès qu'ils trouvent à qui parler. Leur force n'est faite que de notre faiblesse, de notre indifférence ou de notre pusillanimité. Il n'y a pas de révolution à craindre si l'on veut qu'il n'y ait pas de révolution ! » Ce patron est un homme énergique et autoritaire, à la pensée claire et au verbe bref. Mais les qualités de volonté et de commandement ne suffisent pas pour résoudre toutes les difficultés de ce genre.

Un autre patron s'attache, au contraire, à garder le contact avec son personnel, à développer l'enseignement professionnel : « Ces ouvriers sont très ignorants. Il y en a tout juste un sur dix qui ait obtenu son certificat d'études primaires. Ce sont en général des gens frustes et même grossiers. Etrangers à toute religion, la plupart, dans ces quartiers-ci, n'ont même pas reçu le baptême. »

Je suis embauché comme manœuvre, à deux francs cinquante l'heure, dans une fonderie située au voisinage des boulevards extérieurs. Elle occupe une cour carrée, coiffée d'un double toit de verre dont les larges ouvertures assurent avec la porte béante sur l'avant-cour une forte aération. Tout au fond de ce hall bas, sous un ample manteau de cheminée qui collecte les vapeurs des *coulées* et en assure l'évacuation au dehors, les *fours* s'alignent. A droite des

fours, s'ouvrent les étuves où sèchent les moules ;
à gauche, tournent les broyeuses qui écrasent l'argile des moules brisés après la coulée des pièces. Cette
argile, soigneusement pulvérisée et mouillée, s'accumule en un tas où je puise à la pelle pour remplir
deux *baquets* de bronze, que je pousse sur un petit
char jusqu'aux caisses des mouleurs. Tout le centre
du hall est occupé par plusieurs rangées de caisses
profondes que le manœuvre chargé de « servir » les
mouleurs veille à remplir sans cesse. Les mouleurs
les couvrent partiellement de planches ; ils y posent
des cadres de fonte où ils tassent fortement de l'argile,
du « *sable* » comme ils l'appellent ; ils y enfoncent
les modèles de bronze, compriment tout autour d'eux
la terre humide et agglutinante, les retirent et souf-
flent du talc sur leur empreinte et sur toute la surface du moule que des indigènes algériens portent ensuite à sécher dans l'étuve. A côté des compagnons
mouleurs, travaillent les apprentis et, un peu plus
loin, les noyauteurs et noyauteuses, qui façonnent le
moule intérieur des pièces creuses, leur noyau, tâche
peu fatigante dont peuvent être chargées des femmes.
A l'entrée du hall, s'opère le tri des déchets de métal
achetés pour la fonte ou retirés des pièces fondues.
Lorsque celles-ci sont retirées des moules, les ébarbeurs les nettoient au moyen de scies, coupeuses, meules et brosses métalliques, que des courroies action-
nent ; tous les menus débris ainsi obtenus retournent
aux fours. Deux fondeurs préparent les alliages, sur-
veillent la fusion et président à la *coulée* ; le métal
liquide est versé du four dans la *poche*, récipient fixé

au centre d'une longue barre de fer tenue par deux
manœuvres qui, pour le vider dans les moules, le font
basculer au-dessus de leur orifice ; du jet de liquide
ardent, rouge vif, montent par instant des flammes
vertes.

Une forte chaleur se dégage des fours où bout le
métal et des étuves où sèchent et durcissent les
moules. Partout, dans le hall, flotte l'impalpable
poudre brune de l'argile séchée : elle se dépose sur
tous les objets et sur le sol, sur les cheveux et les
visages, les vêtements de travail et les vêtements
de ville déposés au vestiaire.

Le travail dure neuf heures par jour, de sept
heures à midi et de une heure trente à cinq heures
trente, sauf le lundi, journée de huit heures, et le
samedi que chôment les mouleurs tandis que les
autres ouvriers viennent travailler une partie de la
matinée. La semaine est donc, pour ceux-ci, de quarante-huit heures, et, pour ceux-là, de quatre jours
de neuf heures et d'un jour de huit heures, soit
quarante-quatre heures.

Un fondeur gagne ordinairement de trente-six à
quarante francs par journée de huit heures. Un mouleur, de vingt-cinq à trente-cinq. Un noyauteur, de
vingt-deux à trente-deux. Un ébarbeur, de vingt-
quatre à vingt-huit. Un simple manœuvre, vingt
francs.

Un lavabo fournit de l'eau potable. Avant de partir, les hommes se passent de l'eau sur les mains
sans employer de savon. En cours de séance, un apprenti est autorisé à sortir une fois afin d'acheter,

pour le compte des ouvriers qui l'en chargent, du café ou de la bière. Le patron donne de l'eau de coco. La chaleur des fours et surtout la poussière qui flotte dans l'atmosphère altèrent considérablement les travailleurs. Il m'est arrivé une seule fois, et à très grand'peine, de travailler toute une matinée sans boire, et toujours, aux repas, j'ai dû absorber une quantité double ou triple de celle dont je me contentais avant d'entrer dans une fonderie.

L'inévitable saleté des diverses manipulations rend les hommes qui s'y livrent indifférents à leur tenue. Ils souffrent d'inconvénients inévitables. Quelles que soient les précautions prises, les vêtements, le linge, le corps sont salis. Pour se laver souvent, se vêtir proprement, changer de linge fréquemment, il faudrait consentir des sacrifices pécuniaires incompatibles avec le budget ouvrier. Toutefois, les patrons pourraient installer les vestiaires tout à fait en dehors de l'atelier et mettre des appareils à douches à la disposition de leur personnel.

Je suis occupé, de temps à autre, au triage à la main des déchets provenant des pièces fondues : avec une pelle de cuivre, j'en recueille une certaine quantité que j'étale sur un grand plateau de bronze, j'en retire les morceaux de coke qui s'y trouvent mêlés, puis les morceaux de charbon mélangés de métal fondu, pour en faire deux tas distincts : les uns retourneront alimenter le feu ; les autres seront broyés et le métal retiré pour la fonte. Puis, des déchets restant, je retire les menues pièces fondues qui s'y trouvent mêlées par erreur. Après quoi, avec un fort aimant, j'extrais les débris de fer, pointes et fils. Il reste finalement les seuls déchets de cuivre et de bronze qui, versés dans un bassin spécial, retourneront à la fonte.

Il me faut également trier la poussière de métal : je la passe au tamis ; la poussière fine éliminée, il reste les plus gros grains, sorte de gravier métallique dont j'élimine avec l'aimant les particules de fer pur.

Ou bien je suis mis à la machine à trier les copeaux de cuivre vendus par les ateliers de tourneurs. Ces rognures de cuivre arrivent en sacs. Je les verse dans un bassin de fer où je puise pour remplir un petit récipient d'où les très menus débris glissent sur un cylindre que je fais tourner à la main ; un aimant placé à l'intérieur du cylindre retient les particules de fer qui tombent dans une caissette tandis que le cuivre s'écoule dans un bassin. Ce cuivre épuré est alors pesé et porté à la fonte. Pendant que je meus le cylindre, un mouleur passe près de moi, portant un moule qu'il va badigeonner avec une solution d'ocre : « Eh bien ? me crie-t-il, c'est du bon boulot tranquille ? » Il me dit avec contentement qu'il arrive à se faire des semaines de deux cent quarante francs. Ce gain est réalisé en cinq jours (puisqu'ils ne travaillent ni le samedi ni le dimanche) dont une journée de huit heures (le lundi, le travail ne commence qu'à huit heures du matin) et quatre journées de neuf heures, soit quarante-quatre heures ; ce qui lui fait une moyenne de cinq francs quarante-cinq par heure. S'il est père de famille, les allocations de la Caisse de compensation augmentent encore de façon notable ce gain annuel de douze mille quatre cent quatre-vingts francs (chiffre atteint seulement s'il n'y a pas de chômage).

Mon « bon boulot » du triage n'est qu'une exception. Presque toute la journée, je manie la pelle, près des fours, pour remplir de « sable » les deux « baquets » ou seaux de bronze, les traîner sur le chariot entre les rangées des caisses des mouleurs et les y vider : besogne où l'effort musculaire est tout et que la chaleur dégagée des fours ainsi que la poussière partout flottante rendent plus pénible. Près de moi, pendant que je pioche au tas de « sable » alimenté par les apports d'un petit élévateur, le fondeur, armé d'une grosse barre de fer, remue le liquide métallique, d'où montent des flammes tour à tour roses, bleutées, vert d'eau, blanc ardent, mauves, orange, ou associées en un brûlant arc-en-ciel. Quand la coulée est prête, deux hommes portent jusqu'aux moules alignés à terre pour recevoir le métal en fusion la « poche » qui, basculée, verse son liquide flamboyant comme la lumière du soleil. Les moules une fois brisés, les pièces fondues, tirées de leur gangue, gisent sur le sol, fumantes, et, un peu plus tard, refroidies, sont livrées aux ébarbeurs. Pendant que ces opérations se déroulent à un ou deux mètres de moi, je me sens enveloppé d'effluves brûlants et la sueur de mon front arrose la brune argile.

Les petits apprentis, lorsqu'ils me demandent de leur apporter du sable, ne peuvent se retenir de laisser percer le sentiment, dont ils prennent conscience, de leur supériorité à l'égard de cet adulte, simple manœuvre, qui les « sert ». Il faut trois ans d'apprentissage pour faire un mouleur. L'empirisme le plus rudimentaire n'a que trop longtemps régné, à cet égard, dans les fonderies. Il y règne encore.

Le crime de la bourgeoisie a été, depuis cent ans, de laisser croupir l'ouvrier dans l'ignorance, la saleté et la misère. Mais il semble que cet état de chose fâcheux touche à sa fin. Je connais un patron fondeur, un chrétien, qui, préoccupé d'améliorer l'état intellectuel et moral de ses ouvriers, a commencé par donner tous ses efforts à la formation attentive d'apprentis honnêtes et habiles ; il a pris d'intelligentes et généreuses initiatives pour assurer le recrutement et l'instruction professionnelle des apprentis ; dans sa fonderie même, il a établi une section d'apprentissage où les adolescents que les patronages lui confient sont, de sa part comme de la part du contremaître qui les dirige, l'objet d'une sollicitude toute particulière. Ses apprentis, recrutés dans les patronages catholiques, se montrent polis, travailleurs ; ils déploient dans la confection de leurs moules une activité, une application, un sérieux étonnants.

La « Chambre Syndicale des fondeurs en cuivre et bronze de Paris et du département de la Seine », préoccupée, elle aussi, depuis la guerre, ainsi que plusieurs autres Chambres syndicales et les Chambres de commerce, d'assurer le recrutement professionnel, vient d'organiser « des cours de dessin et de technologie », bi-hebdomadaires, destinés à « compléter par « une instruction théorique l'enseignement profes-

« sionnel donné à l'atelier. L'assistance à ces cours
« est obligatoire. Des concours professionnels sont
« organisés chaque année entre les apprentis des dif-
« férentes fonderies adhérentes à la Chambre Syndi-
« cale ; des récompenses sont accordées aux apprentis
« méritants, ainsi qu'à ceux qui, par leur assiduité
« et leurs progrès, ont reçu les meilleures notes aux
« cours de dessin et de fonderie. » (1)

Un salaire quotidien, qui part de cinq francs
soixante pour s'élever progressivement jusqu'à dix
francs et qu'accroissent des gratifications hebdoma-
daires, de sept francs cinquante en moyenne, est as
suré aux apprentis.

... Un coup de sifflet annonce l'heure de la sortie.
Au lavabo, un des apprentis siffle joyeusement. « Va
donc au bois de Vincennes ! » lui dit en riant un
mouleur. « — Pourquoi ? — C'est là qu'il y a des
merles en train de siffler ! » Au vestiaire, on se vêt
en hâte. Un mouleur d'une vingtaine d'années interpelle un petit apprenti : « Décidément, t'as une arai-
gnée ! et les pattes en l'air encore ! — Et toi aussi !
riposte l'enfant, mais pattes en bas, eh ! girafe ! »

Un jeune mouleur entre en chantant du nez. Un
compagnon lui dit, goguenard : « Débouche-toi le *tarin*
pour chanter ! T'as toujours l'air d'appeler ta mère ! »

Un manœuvre m'offre l'apéritif. Au bar du coin,
nous retrouvons un autre manœuvre, un ébarbeur et
un mouleur : grenadine, cassis, amer Picon, en voilà

(1) Lettre du Comité de patronage pour encourager l'enseignement professionnel dans la fonderie de cuivre et de bronze de
Paris. Août 1923.

pour quatre francs cinquante. Je veux payer. Mon camarade m'arrête : « Non, t'en fais pas ! c'est pour moi, cette fois-ci... Ah ! il y en a, de la poussière dans le métier ! Bah ! ça gêne un peu les nouveaux. Mais on s'y fait. Moi, ça ne compte pas. Je suis dans le métier depuis l'âge de dix ans et j'en ai quarante-sept. On s'habitue à tout... Faites votre boulot sans vous bousculer ; on n'avance pas davantage en se pressant et on s'éreinte. Il n'y a qu'à aller tranquillement son train, tout le temps, au fur et à mesure des besoins des mouleurs... »

Je n'en suis pas moins brisé de fatigue lorsque j'ai passé une journée toute entière à charger du sable. Alors, les mains et le corps me font mal. Dans l'atmosphère poussiéreuse, je me sens terriblement altéré : à maintes reprises, je vais boire au robinet ou bien je puise au broc d'eau de coco.

Mes deux seaux (qu'ils appellent des « baquets ») de bronze (le zinc n'offrirait pas assez de résistance) pèsent, vides, près d'une dizaine de kilos chacun ; avec leur charge de « sable » mouillé, trente à quarante. Après les avoir remplis et roulés près des mouleurs, je les hisse, en les appuyant sur ma cuisse où ils laissent de larges ecchymoses, jusqu'au rebord des caisses et je les fais basculer pour les vider ; le bord des baquets imprime sur mon poignet des marques rouges, bleues, violettes. Enlever et basculer les baquets, c'est ce que les mouleurs appellent plaisamment « faire des poids ». Eux-mêmes doivent manier des moules qui, achevés, pèsent couramment de trente à soixante kilos, et parfois bien davantage.

Lorsque j'arrive près d'eux, l'un tasse la terre dans le cadre de fonte ; l'autre, y ayant déjà incrusté les modèles de métal, presse le sable tout autour du bronze à coups de « fouloir » ; un autre, avec des spatules, perfectionne les détails ; un quatrième, achevant la partie supérieure du moule, foule énergiquement la terre à grands coups de planche ou de maillet. Ou bien encore j'arrive auprès d'un mouleur entouré d'un nuage de poudre blanche : il est en train de couvrir de talc la surface achevée de son moule.

Les mouleurs échangent parfois avec moi de brèves paroles, pendant que je les sers. L'un d'eux, tout en comprimant la terre dans le cadre du moule, s'écrie : « Faut-il en faire, tout de même, pour manger son bifteck ! » Un autre, me désignant son voisin : « Il a été mon *arpète* (1). C'est moi qui lui ai enseigné le métier. »

Un patron fondeur m'avait fait un fort sombre tableau du caractère des mouleurs : « Payés aux pièces, ils exigent que les manœuvres leur apportent promptement le sable dont ils ont besoin. Et ils les malmènent si les baquets n'arrivent pas assez vite ! au besoin, à coups de pied dans le derrière ! Ce sont leurs nègres... » Loin de me bousculer et de m'injurier, les mouleurs se montrent avec moi de très bons camarades, et généralement, à la sortie, nous nous offrons à tour de rôle l'apéritif.

Deux mouleurs avec lesquels je trinque, un soir, s'entretiennent posément des questions de métier :

(1) **Apprenti.**

apprentissage, salaires. Avant la guerre, ils gagnaient tout au plus sept francs par jour. Leurs salaires ont quintuplé, c'est-à-dire se sont accrus plus que le prix de la vie. Ils regrettent l'excellent apprentissage que l'on faisait il y a trente et quarante ans.

Le personnel de la fonderie compte un mécanicien chargé des menues réparations de l'outillage : il se considère comme appartenant à une catégorie professionnelle très supérieure à celle des fondeurs et mouleurs et il ne consent à frayer avec aucun d'eux. Et même, il n'hésite pas à leur jouer, à l'occasion, quelque mauvaise farce. Ainsi, un mouleur, ayant un jour besoin d'un peu de plomb liquide, me charge de monter à la forge, de l'allumer et de faire fondre du plomb. Le mécanicien travaille à côté de moi. Dès qu'il voit le plomb se liquéfier, il y ajoute un lingot qui en double la quantité : « Comme ça, ce sera plus lourd. C'est une leçon. Ils ne cessent de m'embêter avec leur plomb ! Ils s'emparent de la forge dont j'ai besoin et, quand leur plomb est prêt, ils ne viennent pas le prendre ; je suis toujours obligé d'attendre qu'ils aient fini de blaguer entre eux et, pendant ce temps-là, mon ouvrage ne se fait pas... Ça leur apprendra ! » Je vais prévenir le mouleur que le plomb dont il avait besoin est prêt. Il continue de plaisanter avec ses voisins et n'arrive à la forge que cinq minutes plus tard. Du premier coup d'œil, il constate la grande quantité de plomb fondu : « C'est que ça va faire un poids ! J'ai peur de tomber dans l'escalier avec ça ! », murmure-t-il timidement. — « C'est moi qui en ai remis », réplique d'un ton sec

et autoritaire le mécanicien, « et je l'ai fait exprès ! »
Le mouleur se tait et file, l'air piteux.

La fonderie n'emploie que deux noyauteuses : une
jeune femme, qui enveloppe d'un mouchoir sa chevelure pour la protéger contre la poussière, et une
jeune fille dont l'élégance réprouve ce procédé de pro-
tection, mais elle met sur son visage plus de poudre
de riz qu'il n'y a de talc sur un moule et ses lèvres
sont soigneusement peintes en rouge. A l'heure de la
rentrée à l'atelier, je la regarde causant avec un mouleur sur le seuil de la porte : ses poses, l'expression
de sa physionomie, sa manière de rire, sa façon de
présenter le visage et de jouer des yeux sont étroitement calquées sur les attitudes et les mimiques des
jeunes premières de films cinématographiques. Nous
attendons, assis sur un banc, la rentrée de l'après-
midi. Une seule fois, je vois un mouleur lire un
baveux (1), *Le Quotidien*. La jeune noyauteuse poudrée et peinte étale volontiers son journal préféré,
Froufrou. « Eh bien ! dis-je un jour au mouleur assis
à côté de moi, voilà un coup d'Etat en Espagne !... (2)
— Oui, répond-il avec indifférence, on ne s'y atten-
dait pas. » Pas une seule réflexion de ses camarades
ne lui fait écho. Que le régime parlementaire prenne
fin en Espagne après avoir pris fin en Italie, ces
ouvriers s'en moquent. Ils continuent, comme de cou-
tume, à détailler par le menu les agréments des femmes et des jeunes filles qui passent...

(1) **Un journal.**
(2) **Le général Primo de Rivera venait de balayer le parlemen-
tarisme.**

Mais le coup de sifflet retentit. Il faut rentrer. Avant de me remettre à manier la pelle et à « faire des poids », je coltine sur un « diable » des caisses de limaille de cuivre ou des pièces de cuivre pesant une centaine de kilos, que je porte aux fondeurs.

Les deux fondeurs paraissent appartenir à une catégorie ouvrière supérieure à celle des mouleurs. Ils s'abstiennent de toute familiarité avec ceux-ci et commandent d'un mot bref ou même d'un regard les manœuvres. Ils se gardent de toute intempérance ; l'un d'eux, le plus souvent, se borne à se rincer la bouche au robinet. Un Italien et plusieurs Algériens les aident, lors des « coulées », soit en versant le métal en fusion, soit en présentant les moules qu'ils brisent ensuite pour retirer les pièces fondues. De l'Italien, je me suis longtemps demandé s'il était un Africain musulman d'Algérie, ou bien un Français du Midi. Quant aux Algériens indigènes de Kabylie, ils ont tout à fait le type de nos compatriotes méditerranéens ; l'un d'eux parle assez bien le français ; il me dit qu'il possède des champs et des bestiaux dans la montagne et qu'il y a laissé femme et enfants ; il retournera auprès d'eux après avoir gagné quelque argent.

Il est moins pénible de travailler pendant l'été que pendant l'hiver dans une fonderie : à la sortie, au lieu d'être brutalement saisi par l'air glacé, on éprouve la sensation d'un bienfaisant rafraîchissement ; à l'intérieur, c'est un courant d'air agréable, et non une douche glacée, que nous procurent les ouvertures du plafond vitré, indispensables pour purifier cette atmosphère poussiéreuse qui s'emplit, au moment des coulées ou de l'extraction des pièces fondues, de vapeurs toxiques. Les nouveaux venus dans une fonderie leur sont redevables de ce que les ouvriers appellent la *fièvre de cuivre*. Le bronze liquide de la coulée ou les pièces brûlantes tirées des moules doivent, au contact de l'oxygène de l'air, donner un mélange d'oxyde de cuivre et d'oxyde de zinc, qui se répand dans le hall. Nul n'échappe à la *fièvre de cuivre ;* tôt ou tard, il faut lui payer tribut ; elle se manifeste surtout le soir et dure de deux à six jours. J'en ai été atteint le troisième jour et pendant deux jours. Mains brûlantes, accélération du pouls, forte céphalée, mélange d'insomnie et de rêves effrayants, anorexie, courbature et faiblesse générales, parfois même vomissements alimentaires, tels en sont les symptômes.

L'installation défectueuse de la plupart des fonderies assure la propagation de cette maladie professionnelle. Jusqu'à une époque récente, elles étaient toutes établies, comme les autres ateliers, dans les rez-de-chaussée bas, dépourvus de toute aération, semblables à de simples boutiques ; au moment des coulées, les vapeurs dégagées étaient à ce point intolérables que tous les mouleurs sortaient dans la rue. Actuellement encore, beaucoup de fonderies ne sont pas mieux organisées. Un certain nombre cependant, notamment celle où je travaille, sont tout à fait modernisées; les derniers perfectionnements connus s'y trouvent réalisés ; le hall est vaste, l'aération assurée ; le manteau de cheminée qui coiffe les fours chasse au dehors une bonne partie des vapeurs nocives, mais une partie seulement. On a imaginé en Allemagne un manteau de cheminée mobile dont le déplacement permet mieux d'assurer l'évacuation de ces vapeurs métalliques ; mais non pas totalement. Il ne paraît pas douteux que, seuls, des procédés chimiques permettraient de les absorber complètement (1); des recherches sont effectivement poursuivies dans cette direction. Mais en attendant que la formule soit découverte, on pourrait, par des procédés mécaniques, chasser rapidement ces vapeurs et réduire très notablement sinon faire disparaître la poussière des fonderies ; il suffirait de multiples aspirateurs avec appareils électriques de ventilation ainsi que d'un cloisonnement étanche entre les diverses parties de l'atelier.

La suppression des poussières aiderait, en outre, à faire disparaître les habitudes d'intempérance qui subsistent encore un peu dans cette profession ; elle fournirait un moyen efficace de lutte contre l'alcoolisme des ouvriers des fonderies. « ... L'autre jour », me disait un des mouleurs à qui j'apportais du sable, « mes camarades braillaient comme des ânes. Heureusement que je les ai quittés : un peu de plus, et *j'étais pion* (2) ». Son voisin me souffle : « C'est pas la peine de lui donner beaucoup de sable, allez ! Il va partir avant l'heure : *il a la rame* (3) ». Tous

(1) On sait, par exemple, que la mousse de platine portée à l'incandescence jouit de la propriété d'absorber la fumée de tabac.

(2) Ivre.

(3) Il n'a plus envie de travailler.

ces mouleurs sont, au fond, de très braves gens, fort éducables. Mais leur éducation reste à faire. Ils ne montrent ni souci de la propreté corporelle, ni recherche dans le vêtement ; ils ont la familiarité rapide, le tutoiement facile, un langage ordinairement grossier, avec des mots et des plaisanteries de corps de garde ; beaucoup ont l'accent faubourien. A cela s'ajoute un certain penchant persistant pour les excès de boisson et un reste d'observance du « lundi » malgré leur repos hebdomadaire du samedi et du dimanche. Par tous les traits de leur caractère professionnel, ils se désignent aux meneurs comme une proie facile : ainsi s'explique, en partie du moins, leurs opinions révolutionnaires.

Le lundi matin, personne ne manque à la fonderie. Mais, l'après-midi, quelques défections se produisent. Un des manœuvres ne paraît pas à l'atelier. « *Il a les mains retournées* (1) ». Un des mouleurs paraît sous l'influence d'une excitation anormale : il a dû, après déjeûner, s'attarder chez le bistro ; il conduit son ouvrage avec une rapidité étonnante de mouvements, il parle, interpelle, redouble d'activité et, à quatre heures, demande à partir. Son voisin, à qui je demande s'il veut que je remplisse de sable sa caisse, me répond : « Du sable ? Pas la peine. J'en ai assez pour aujourd'hui. Aujourd'hui, c'est encore dimanche. » Et il s'en va avec l'autre. Deux de leurs camarades les suivent. A la sortie, à cinq heures

(1) **Expression** d'argot qui signifie « avoir la flème », ne pas vouloir travailler.

trente, je les retrouve tous les quatre chez le marchand de vin voisin, l'un affaissé à sa table, parvenu à l'extrême limite de ses forces, morne, le regard noyé ; les autres, avec les yeux étincelants de buveurs en pleine excitation éthylique, mais déjà silencieux et s'abandonnant, l'air béat, au lourd envahissement de l'état d'euphorie propre aux ivrognes bien sages.

Le lendemain, je fais remarquer au manœuvre son absence de la veille : « Ben ! fait-il. J'suis allé à Vincennes faire un bouchon !... Et puis, j'en avais assez... je suis rentré me coucher. » Discrète prétérition : de quoi donc « avait-il assez » pour se coucher si tôt ? Le mouleur qui, hier, le premier, a quitté la fonderie, travaille le matin avec un entrain endiablé. « Il faut bien que je me rattrape ! » explique-t-il. Constamment, je suis obligé de lui apporter du sable. La nécessité de réaliser sa moyenne hebdomadaire de salaire le contraint de faire succéder aux excès de la noce, les excès du travail : ce double surmenage, si général avant la guerre, heureusement réduit à cette heure à quelques cas particuliers, expliquait l'usure précoce alors si fréquente chez les ouvriers.

Le désordre engendre le désordre : « faire le lundi » induit en tentation de « faire le mardi ». Un mouleur, à qui j'offre le contenu de mes baquets, refuse : « Non, j'en ai assez comme ça. C'est aujourd'hui le lendemain du lundi, je suis nerveux comme du macaroni. Tant que je n'aurai pas pris cinq ou six demi-setiers de vin blanc, je resterai dans cet état. » Un autre mouleur, ce même mardi après-midi, paraît sous

l'empire de la boisson ; il parle, plaisante, travaille
avec une surexcitation extrême ; entre les apéritifs
et les digestifs, il a dû copieusement arroser son
repas. Mis en train, ses voisins lui répondent ; leurs
plaisanteries sont très grossières, assaisonnées de
mots énormes. Un mouleur, qui semble déprimé par
des libations exceptionnelles, me répète toujours qu'il
a suffisamment de sable. Deux autres, au contraire,
redoublent d'efforts pour rattraper le retard de lundi,
mais ils soupirent : « Ah ! samedi ! Vincennes ! »
Leur semaine de cinq jours leur paraît encore trop
longue. Chaque jour, les mouleurs saluent avec une
joie impatiente le coup de sifflet de la sortie et gémis-
sent à l'heure de la rentrée. « Samedi est loin... »
fais-je remarquer. « — Non, c'est après-demain. —
Comment, après-demain ? Nous sommes mardi ! Vous
voulez dire trois fois après-demain ? — Ah ! ne m'en-
lève donc pas le courage ! C'est pour m'en donner
que je dis que samedi est après-demain ! » L'heure
de sortir est sonnée. Nous gagnons la rue. Amédée,
mouleur âgé de vingt ans, a tellement bu qu'aussitôt le seuil franchi il n'a que le temps, soutenu par
deux camarades, de rendre au ruisseau ce que son estomac ne peut plus tolérer. Il tient avec peine sur ses
jambes, bien qu'appuyé sur ses amis. Leur groupe
me rejoint au débit que l'atelier fréquente et où je
me suis rendu en compagnie d'un manœuvre et d'un
mouleur ; ce dernier, lui aussi, garde bien juste son
équilibre ; il pérore, vaseux et interminable, recom-
mençant à perdre haleine les mêmes explications
obscures. Il a demandé un verre de bière ; le ma-

nœuvre, un verre de vin, et moi, une grenadine à l'eau de seltz ; le manœuvre trouve que « la grenadine, c'est trop sucré ». A côté de nous, les deux mouleurs qui ont amené Amédée prennent des consommations. Ils font servir au jeune homme, affalé sur une chaise, un grand bol de bouillon : « Ça te remettra ! » Amédée en boit une moitié, à grand peine, et, par deux fois, sort pour vider son estomac dans le ruisseau. Et il rentre, reste là, calé entre la table et la chaise, morne et somnolent, raillé par ses amis. « Ah ! s'écrie l'un d'eux en se tournant vers nous, ce qu'il en dépense de l'argent ! dix-neuf francs, lundi ! — Mais aussi, lui fait-on observer, c'est qu'il mange beaucoup, il a un fort appétit. — Ah ! ça ne fait rien... » Les trois mouleurs se tiennent autour du comptoir de zinc, le dos rond, la tête en avant, débraillés et sales, le veston fripé ouvert sur la chemise poussiéreuse sans col, le pantalon glissant sur les chaussures qui depuis longtemps n'ont pas été cirées, l'œil trouble, la voix forcée, avec l'accent traînant du faubourg. « Moi », s'exclame l'un d'eux en regardant avec une pitié dédaigneuse le jeune homme ivre, « ça ne m'arrive jamais de rendre ! Mon estomac supporte tout ! ». Et, tourné vers moi, sourire aux lèvres : « C'est que j'ai bon caractère. Je m'accommode de tout... » Mais il se reprend subitement grave : « Ah ! pas à la maison, par exemple !... Dehors oui ! Mais pas chez moi !... » Et, se penchant à mon oreille, confidentiellement, il ajoute, à voix haute : « ... J'ai une belle-sœur, et, dame ! je ne m'entends pas avec elle ! Alors, quand je rentre avec

un litre dans le nez, j'eng... ma belle-sœur, j'eng...
ma femme, j'eng... tout le monde !... » L'autre mouleur pérore sans arrêt, tourné à droite, tourné à gauche, sans s'inquiéter de l'interlocuteur qui lui fait
face, ni s'il l'écoute : « Ah ! explique-t-il, je gagne
de belles journées ! Je me fais deux cent quarante
à deux cent cinquante francs par semaine de cinq
jours... » Combien en rapporte-t-il chez lui ?...
L'ivrogne reste sur sa chaise, comme un paquet, affalé
et gémissant. Ses compagnons se consultent à grand
bruit pour savoir quel parti prendre. Ils s'accordent
à reconnaître qu'il est impossible de le laisser tenter
de rentrer chez lui dans cet état : ou il roulerait sur
le trottoir, ou les employés du métro lui en inter-
diraient l'accès, ou il se ferait arrêter par les agents,
et puis, s'il arrivait chez lui, « alors, son vieux, ah !
qu'est-ce qu'il casserait ! » Amédée murmure, sup-
pliant : « Un vulnéraire !... » Voilà ! sitôt servi !
Un petit verre de « blanche » est déjà sous son nez.
Il en avale la moitié. Et, d'accord avec le patron,
ses camarades le déposent dans l'arrière-salle pour
qu'il y cuve son ivresse. Le voilà, tête et bras sur
une table, enseveli dans un sommeil de plomb. Et
nous nous séparons enfin : mes deux camarades et
moi, nous avons passé une demi-heure debout devant
le comptoir et bu trois tournées, car chacun a rendu
aux deux autres sa politesse et dépensé trente sous.
Après combien d'autres, en ce seul jour ! Et les deux
verres de vin, les deux verres de bière faisaient suite
à combien de verres de vin, de chopines, d'apéritifs !

Voilà le type de l'ouvrier d'avant-guerre, esclave des habitudes du métier et des entraînements de la camaraderie. Comme on comprend que certains meneurs aient besoin de perpétuer ces pratiques abrutissantes pour pouvoir pousser à leur gré un vil troupeau ! Et comme on comprend que l'œuvre de délivrance doive commencer par l'apprentissage et par l'éducation des adolescents !

Le lendemain, à l'atelier, Amédée, remis de son indisposition, me dit : « Après avoir dormi une heure et demie, je suis rentré chez moi et je me suis couché. Ce matin, il n'y paraît plus. » Il n'y a qu'à recommencer ! Un de ses compagnons avoue : « J'ai encore un restant de la veille ». Un mouleur, jeune homme marié, s'écrie : « Ah ! dans quelle compagnie j'étais ! Heureusement que je les ai quittés à temps ! Sans cela, je *rentrais pion.* Alors qu'est-ce qu'aurait dit ma femme !... Et j'aurais dû reconnaître qu'elle avait raison !... »

Les causes immédiates et permanentes de cette intempérance réside dans les conditions matérielles d'exercice du métier. L'atmosphère poussiéreuse et surchauffée pousse à boire. Il faudrait avoir assez d'énergie pour se borner à se rincer la bouche avec de l'eau fraîche. Mais comment compter sur la sagesse parfaite et constante de tout le monde ? Et l'eau potable des robinets n'est pas fraîche ! Je ne suis parvenu qu'un seul jour, le premier, par un effort violent de volonté qui ne pouvait se soutenir, à m'abstenir de boire pendant le travail. Par la suite, j'ai dû fréquemment me rincer la bouche, boire de l'eau au robinet, du coco au broc ; j'éprouvais, en outre, un grand soulagement et un grand bien-être à prendre une consommation au bar voisin, dès la sortie de la fonderie ; je buvais ensuite, au repas, le double au moins de la quantité dont je me contentais avant d'entreprendre ce genre de travail, et, au sortir du restaurant, je me sentais encore tellement altéré que j'entrais boire, dans une crémerie, un bol de lait. Que le mouleur recherche une boisson excitante, ce fait est en relation avec la fatigue éprouvée qui appelle les stimulants.

Le remède réside dans l'hygiène matérielle des ateliers et dans l'hygiène morale de l'éducation.

Au surplus, les progrès réalisés depuis la guerre sont manifestes. Avant la guerre, les mouleurs quittaient la fonderie quand il leur en prenait fantaisie pour aller boire au dehors et parfois ils allaient chercher des camarades dans les fonderies voisines. Une discipline plus stricte de l'atelier, très volontiers acceptée, a maintenant mis un terme à ces excès. On remarquera que quatre seulement des mouleurs adultes sur dix se sont adonnés à l'ivresse et que la Saint-Lundi n'a été que partiellement fêtée par quatre mouleurs et un manœuvre sur une trentaine d'ouvriers.

Ces observations scrupuleuses, dépourvues de tout fard, prouvent donc la décroissance de coutumes anciennes et regrettables et laissent espérer leur disparition plus complète sous l'influence des pratiques sportives, de l'éducation professionnelle et morale des ouvriers et de l'amélioration matérielle des fonderies.

§ 2. — Logis — Quartier — Restaurants
Théâtres et Cinés — Les Juifs

La recherche d'une chambre m'a demandé plusieurs heures : les hôtels sont au complet ; dans deux d'entre eux, une chambre deviendra libre dans quelques jours seulement. Leurs prix varient couramment entre vingt-cinq et trente francs par semaine et montent jusqu'à quarante et quarante-cinq francs. Je finis par découvrir un très pauvre gîte dans une petite rue déserte, voisine des Buttes-Chaumont, au sommet même de la colline de Belleville, au milieu d'un quartier paisible dont les anciennes maisons à un ou deux étages jouissent d'un calme tout provincial. Cet hôtel occupe une vieille construction à un étage, remise à neuf, dont les soixante chambres sont presque exclusivement occupées par des familles. Il ne s'y trouve de libre qu'un petit cabinet dont je suis bien forcé de me contenter et qu'il me faut payer vingt-deux francs par semaine : c'est une soupente au second étage, longue de trois mètres cinquante, large de deux mètres, haute au point le plus élevé, qui est le faîte du toit, de deux mètres cinquante, et éclairée, dans la partie déclive du plafond, par une « tabatière » ; une couchette de fer s'allonge, pieds sous cette lucarne, tête contre la porte mal close qui donne accès à un faux grenier ; il en vient un courant d'air dont me protège mal une vieille tenture. Une

mauvaise table, quatre têtes de porte-manteau, une
chaise, une table de nuit sur laquelle est posée une
cuvette de fer émaillé, une commode et un petit serre-
tout malpropre et disloqué complètent l'ameublement
Une petite glace est pendue à un clou. J'ai un broc
et un seau ; il faut que j'aille emplir le broc au
robinet, dans la cour. Mais la logeuse fait mon lit
et vide les eaux de toilette. Toute la maison est
éclairée à l'électricité. Lorsque j'ai atteint mon palier, sur lequel s'ouvrent plusieurs petites chambres
d'où s'échappent des cris de marmots, je dois, ma
porte poussée, redescendre cinq marches pour gagner le plancher de mon galetas. Toute la nuit, par
la lucarne, m'arrivent des douches d'air froid. Les
deux minces couvertures du lit sont certainement in-
suffisantes l'hiver. Cette mansarde doit alors devenir
inhabitable et très certainement cependant elle est
habitée.

On peut imaginer le bénéfice réalisé par les logeurs :
soixante chambres à trente francs en moyenne, cela
fait dix-huit cents francs par semaine, soit quatre-
vingt-treize mille six cents francs de recette brute
annuelle, dont il faut déduire les frais d'eau, d'électricité, de blanchissage, le loyer et les impôts.

Ma misérable mansarde représente un loyer de
onze cent quarante-quatre francs par an. Il s'en
dégage une forte odeur de liquide antiseptique :
« Vous avez eu un malade ici ? — Non, Monsieur,
mais je lave partout le parquet au crésyl. C'est ce
que vous sentez. » Cette odeur ne se perçoit pas
dans les escaliers et corridors, mais seulement dans

ma chambre ; sans doute la logeuse nettoie-t-elle ainsi toute chambre qui change de locataire.

Des water-closets avec chasse d'eau sont installés dans la cour et très soigneusement entretenus. Aucun débit de vin n'est ouvert dans la maison. C'est une garantie de bonne tenue. Les locataires croisés dans l'escalier s'excusent poliment en se rangeant contre le mur. Les enfants ne font pas de bruit ; ils vont jouer dans la rue. En traversant le couloir du premier étage, j'aperçois des lits d'enfants placés tout contre le lit des parents ; à peine si un étroit passage demeure libre le long de la cloison ; et le repas de la famille est préparé sur un petit fourneau placé dans un coin de la chambre encombrée.

Tous les locataires vivent dans le calme, sauf, à l'étage des mansardes, mes voisins de palier. En face de moi, s'entassent le père, la mère, un fils de dix-huit ans, un garçon de quatorze à quinze ans et trois plus jeunes enfants. A côté de moi, une femme vit avec sa fille et ses deux petits enfants. Dès le premier soir, les premiers me révèlent leur existence par le bruit d'une violente dispute : l'homme et la femme s'injurient, les enfants pleurent ; puis, la voix irritée du fils domine le tumulte : mais, presque aussitôt, la voix de la mère fait taire tout le monde en déversant un torrent de gros mots : « Vous n'êtes pas des enfants, mais des sales... Allez-vous f... ! » Et des expressions ordurières sont répétées à satiété, avec un accent de fureur inassouvie. Sous cette bruyante offensive, tout s'apaise : on n'entend plus que des bruits de fourchettes... Le

repas est terminé. La porte s'ouvre : les enfants
viennent jouer bruyamment sur l'étroit palier et l'un
d'eux entonne une romance aux accents mélancoliques : « Nous vivons dans la rue comme des chiens... »
De la chambre, une voix d homme répond : « Amen ! »
La tempête qui a sévi pendant le repas n'est qu'un
épisode habituel et sans importance de la vie de
famille.

Le lendemain soir, à neuf heures, c'est la grand'
mère logée dans l'autre chambre, une femme de cinquante à cinquante-cinq ans, ridée, sale, vêtue de
nippes, qui rentre à moitié ivre. Elle pénètre chez
ses voisins, parlant haut, et, devant tous les enfants,
les siens et ceux des autres, criant à l'homme, d'une
voix éraillée, des mots énormes, puis ajoutant : « Moi,
c'est dans mon genre, j'veux trouver un p'tit vieux
qui crache jaune et qui m'entretienne... Moi, j'm'en
f... ; pourvu qu'il y ait du pognon à la clef !...
Et le reste, sur ce ton. Après avoir tempêté quelque
temps, elle se retire en interpellant le mari : « Allons !
au revoir, mon chéri. »

Un autre jour, à dix heures du soir, c'est dans
sa chambre que cette vieille ivrognesse fait du vacarme, hurlant après ses petits-enfants, à bouche-
que-veux-tu : « Ah ! les vaches ! »

Un autre soir, c'est elle qui est calme, mais c'est
la mère de famille, en face, qui mène grand tapage.
Elle morigène ses enfants par d'incessantes aménités,
dans ce style éducateur : « Tais-toi, sale... », etc...

Un soir, à sept heures, quand je rentre, leur porte
étant ouverte, je vois le père, harassé de fatigue,

déjà couché ; les aînés dînent ; la table est si petite que l'on n'y peut tenir plus de deux ; la mère leur sert la pitance en tenant sur son bras le dernier-né, un bébé d'un an peut-être ; le repas est préparé sur un petit fourneau, dans un coin de la chambre encombrée par ses habitants et par les lits.

Je rentre, un jour, à midi. Le repas de la famille se prend au milieu d'un grand bruit qui se répand dans ma mansarde à travers les portes closes : les enfants chantent, la mère vocifère. Aujourd'hui, elle s'en prend à son bébé parce qu'il crie ; sans en chercher la cause, elle lui fait d'abord, d'une voix éraillée, des mignardises, puis, changeant soudain sa manière, elle hurle : « Vas-tu dormir ! ou j' te f... mon poing... etc... » Cette pauvre marmaille grandit au milieu des injures et des coups ; dès que les jambes le leur permettent, la pitance prise, ils s'enfuient dans la rue où s'achève l'éducation qu'ils ont commencé à recevoir dans la famille : « Nous vivons dans la rue comme des chiens... »

Un dimanche soir, je rentre à dix heures et demie. En face, tout le monde dort, sauf la femme qui, m'entendant monter, s'avance sur le seuil de sa porte entr'ouverte : elle croyait que c'était notre voisine et sa famille dont elle attend le retour du cinéma. A minuit trente, je les entends rentrer, très calmes ; la vieille échange quelques mots avec l'autre femme et va se coucher.

Un soir, à sept heures, l'étage des mansardes est en liesse : l'ivrognesse a fait l'acquisition d'un graphophone ; sa porte et celle des voisins sont ouver-

tes ; l'appareil sonore débite les chansons de café-
concert à la mode, que les petits enfants écoutent
avec ravissement et dont ils reprennent en chœur
les refrains. Voilà l'atmosphère morale où se forme
leur âme. Je rentre à nouveau à neuf heures : les
trois aînés sont couchés dans le même lit, toutes
portes ouvertes, et le graphophone continue de sévir
jusqu'à dix heures.

Le lendemain, à midi, l'instrument joue des airs de
danse et les enfants à son rythme apprennent à danser. A une heure, je sors : le beau soleil des derniers jours d'été dore la ruelle tranquille où joue
une bande d'enfants échappés du garni ; d'autres
sont venus des cabanes voisines et des maisonnettes
de briques, dispersées au milieu de basses-cours et
de jardinets. Tout proche, le jardin des Buttes-Chaumont étale ses pelouses accidentées, fournissant à
tout le quartier l'agrément de sa verdure et de ses
ombrages et l'enrichissant de sa réserve d'air et de
lumière.

Mes nuits sont moins paisibles. Voici mon tableau
de chasse de la première nuit passée dans ce grenier
bellevillois :

9 heures 30	Tué 19 punaises
10 heures	— 9	—
10 heures 15	— 2	—
10 heures 45	— 10	—
2 heures du matin	— 60	—
3 heures —	— 12	—

5 heures du matin Tué 10 punaises
6 heures   —   — 10   —
                     ————
                      132

Les nuits suivantes, brisé de fatigue, je ne m'éveille plus que rarement ; j'en tue alors entre cinq et dix-sept.

Lorsque j'ai quitté mon galetas, il y avait déjà deux jours qu'il avait trouvé preneur.

Au sommet de Bell ville, c'est la calme quiétude d'un quartier de ville de province : quelques grands immeubles neufs se mêlent aux nombreuses petites maisons qu'agrémente parfois un jardin. Un grand air vif et salubre circule sur cette hauteur. Les pentes qui descendent au Nord vers les fortifications se couvrent de terrains vagues coupés de petites rues que bordent des maisons, ouvrières ou bourgeoises, à un étage et précédées chacune d'un jardinet. Au delà des remparts, le regard s'étend sur l'espace immense : après les pelouses des fossés comblés et des anciens glacis, c'est la zone verdoyante de la servitude militaire, puis, tout aussitôt, les agglomérations des Lilas et du Pré-Saint-Gervais, leurs hautes cheminées fumantes, premières sentinelles du travail, dressées aux abords de la vaste plaine dionysienne, toute hérissée d'usines, très au loin, derrière leurs rangs pressés, la nécropole royale allonge, à la suite de sa flèche, les pentes vert pâle de sa haute toiture. De cette gigantesque coupe de lumière, montent des panaches de vapeurs sombres, vite fondues dans la mousseline gris perle qui estompe les lointains. Tout au fond,

l'horizon dresse la barrière des hautes collines de la
Seine et de l'Oise. La paix de la nature et le travail
des hommes, le labeur des multitudes ouvrières et
la sérénité descendue des pâles profondeurs du ciel
s'unissent ici pour former un tableau d'une rare ma-
gnificence.

Si, un dimanche matin, nous suivons les fortifications jusqu'à la porte de Clignancourt, nous y trou-
vons le « *marché aux puces* » qui s'y tient au milieu
d'une affluence extraordinaire. Et c'est un bien pittoresque spectacle que celui de cette foule de marchands et d'acheteurs en plein air qui s'amasse et
s'agite dans la belle lumière dorée de ce matin de
fin d'été, entre le bastion, dont la crête se couronne
de soldats curieux et désœuvrés, et la plaine Saint-
Ouen, la plaine Saint-Denis, plantée de cheminées
noires d'où jaillit la flèche de l'antique basilique. A
terre, s'étalent toutes sortes de marchandises, vieilles
ou neuves, et des plus imprévues : vêtements de travail, vêtements neufs, vêtements usagés, et des nippes innommables, guenilles et chiffons, chaussures
neuves, chaussures déformées, ou rapiécées, ou cre-
vées — « *grolles* » hideuses de vieillesse, d'usure
et de misère — des lampes, des valises, de la par-
fumerie, de la quincaillerie, des débris de cuivre
et de fer, des pendules, des cannes, des chemises,
des meubles, de la vaisselle, et même un camion
automobile sans moteur ! *Le Louvre* et *Le Bon Marché* des pauvres gens ! Un marchand de savons a
étalé une banderolle, son enseigne, où se lit : « Gas-
pard, le roi des gâcheurs. » Au-dessus d'une petite

baraque en vieille tôle ondulée : « Maison à *vende* » (*sic*). Il y a aussi une buvette : « Buvette du marché *au* (*sic*) puces. » Un écriteau porte : « Allée du Syndicat des chiffonniers. » Un autre : « Allée des amoureux. » Ailleurs : « Allée des jeunes vierges. » Plus loin : « Allée des purotins. » Et un public étonnamment mêlé s'y bouscule : gens de la ville et de la banlieue, ouvriers, femmes, musulmans d'Algérie ; mais surtout, en effet, un public de purotins en quête d'objets nécessaires à bon marché.

On ne peut imaginer contraste plus frappant que celui qui règne entre les versants Nord et Sud de la colline bellevilloise. Sur les pentes qui descendent dans Paris, c'est, le soir, un grouillement de fourmilière : la tortueuse rue de Belleville connaît alors une vie intense ; une grande foule s'y agite : travailleurs rentrant chez eux, femmes empressées autour des marchandes des quatre-saisons ou faisant leurs provisions dans les boutiques où les feux électriques illuminent les amoncellements de légumes, de fruits, de viandes, d'œufs et de fromages ; bars et restaurants que les clients envahissent ; et, déjà, les façades des cinémas et des théâtres étincellent ; dans cette foule en mouvement et dans les petits restaurants, on peut remarquer de nombreux couples de jeunes ouvriers et de petites ouvrières ou de filles fardées.

Les journaux les plus lus dans le quartier sont surtout *Le Petit Parisien* ; puis, *Le Journal. Le Matin* est beaucoup moins lu. *L'Humanité* et *Le Quotidien* le sont très peu.

Au sommet de la colline, l'église Saint-Jean-Baptiste dresse ses deux flèches aiguës. Le dimanche, à la messe de huit heures, je compte environ trois cents personnes, dont une trentaine d'hommes, autant de jeunes gens et autant de jeunes garçons ; à la messe de neuf heures, environ quatre cents personnes, dont à peine cent garçonnets, hommes et jeunes gens, et une cinquantaine de fillettes. En supposant huit messes avec quatre cents personnes, cela donne trois mille deux cents fidèles sur soixante-dix mille âmes. A la chapelle du patronage Saint-Landry, près de la place du Danube, quatre messes sont célébrées le dimanche. Près de la place des Fêtes, sont installés un dispensaire et un grand patronage.

Je vais parfois dîner dans un petit restaurant de la rue de Belleville dont l'entrée est flanquée, à gauche, du comptoir de zinc, à droite, des fourneaux où les fritures chantent, où les ratas mijotent ; en face, c'est un boyau étroit, profond, où, sous le plafond bas, les clients s'entassent autour de petites tables. Vive et affairée, une grosse servante court de l'une à l'autre ; boulotte et empressée, elle roule des dîneurs aux cuisinières et des fourneaux aux tables, criant les commandes, jurant comme un sapeur et lâchant des gaillardises qui font fuser les rires. On ne m'a pas fait payer vingt centimes pour l'eau consommée ; mais, dans beaucoup de petits restaurants du quartier, j'ai été frappé de cette amende pour n'avoir pas consommé de vin. Un mardi soir, dans un autre restaurant de la rue de Belleville, un homme de soixante à soixante-dix ans tenait, en dînant, des propos incohérents dont ses voisins s'amusaient et qu'expliquait son léger état d'ébriété. Le même soir, vers sept heures, sur le boulevard de la Villette, un ouvrier d'une quarantaine d'années passait en titubant très légèrement. Ce sont les deux seuls cas dont j'ai été témoin dans le quartier. Un autre jour, je vais dîner dans un restaurant de la rue des Pyrénées, non loin de la rue de Belleville. A la table voisine, un ouvrier cordonnier critique vivement les syndicats et les faiseurs de grèves : « Les syndicats nous prennent notre argent et veulent que nous leur obéissions. Pourquoi ? Moi, je veux suivre mon idée, voilà !... Et puis, les grèves sont partielles : elles ne peuvent donc pas réussir... Quant à ceux qui les prêchent, c'est trois ou quatre types qui cherchent à se tailler de la réclame. Mais ça n'est pas nos affaires, ça ! On se f... pas mal de ces gens-là... » Puis, sautant de cette idée à une autre : « Il y en a chez nous qui travaillent à la journée : ils ne se la foulent pas ! Pourvu que l'aiguille de l'horloge tourne, ils se fichent du reste... » Des trois ouvriers qui l'écoutent, un l'approuve, les deux autres le laissent dire sans manifester leur sentiment ; un de ceux-ci tient en mains *Excelsior*. Les critiques de leur camarade sont dirigées contre les syndicats socialistes et leurs grèves de parti ; elles semblent inspirées par l'individualisme anarchiste et par l'idée révolutionnaire de grève générale : « Ceux qui sont aux pièces, continue l'ouvrier cordonnier, veulent faire grève parce qu'ils ne peuvent pas travailler sans arrêt : on perd au moins une heure par jour à attendre le boulot. » Voilà une réclamation d'ordre purement professionnel et sans doute justifiée par une mauvaise organisation du travail de l'atelier, dont la responsabilité pèse sur la Direction.

Dans le haut de la rue de Belleville, un cinéma est installé ; dans le bas, il y en a deux et, en outre, trois théâtres. Le *Ciné-Paradis*, un dimanche soir, donne le film *Sarati le Terrible ;* la salle n'est pleine qu'aux deux tiers ; le *Journal-Pathé* fait défiler des vues de fêtes sportives, qui provoquent des applaudissements, et de fêtes militaires allemandes, commémoratives de la guerre, qui déchaînent des huées et des coups de sifflet. Deux jeunes femmes, passant devant un autre Ciné, lisent les affiches-programmes : « Ç'a l'air *marant*, observe l'une, et ç'a l'air en même temps gentil. » Les prix des places vont de un franc vingt-cinq à trois francs. Au *Théâtre de Belleville*, on joue une opérette : *Le Grand Mogol*. Le *Théâtre des Folies-Belleville* a fait afficher dans tout le quartier le programme de sa saison d'hiver qui commence le 8 septembre. J'y relève, parmi les pièces annoncées, les titres suivant qui en indiquent suffisamment l'esprit : *L'ange du trottoir, Le satyre du Nord-Sud, La rouquine du Bat' d'Af, La princesse du promenoir*. Ces pièces sont jouées les samedi, dimanche et lundi : voilà de quel genre scénique la population ouvrière de Belleville est saturée. Par contre, en semaine, alors qu'il est difficile à l'ouvrier d'aller au théâtre, les affiches annoncent les *Grands Galas de Comédie* avec la « troupe de l'Odéon » : *Tartufe, La mégère apprivoisée, Le ma-*

lade imaginaire, Le Barbier de Séville, L'Avare, Le Bourgeois Gentilhomme, L'Arlésienne, Résurrection, Le mariage de Mlle Beulemans.

Un samedi, une grande affluence se presse aux guichets des *Folies-Belleville ;* la queue s'allonge sur vingt mètres de trottoir. Toute la semaine, de grandes affiches avaient annoncé pour ce soir-là la première représentation d'une pièce sur la traite des blanches et les racoleurs de la prostitution : *Les Requins.* Dans la salle, où pas une place ne reste libre, c'est un grouillement de têtes : familles ouvrières, jeunes gens et leurs amies, bandes de gamins, nombreuses jeunes filles, tous en tenue de travail ou en vêtements de semaine ; public remuant, bruyant, dans l'attente du lever du rideau ; la rumeur des conversations fait un grand brouhaha ; au-dessus des spectateurs qui, dans une constante agitation, se placent et se déplacent, s'interpellent, monte le voile léger, teinté de bleu, des fumées de cigarettes. Dès que la pièce commence, un grand silence tombe dans la salle : les visages sont tendus, les regards fixes. Puis, par instants, les spectateurs sont soulevés dans un accès d'indignation contre la turpitude des « marchands de chair humaine » et de violentes injures sont criées aux acteurs.

Les places coûtent de deux à cinq francs. En face des *Folies-Belleville,* au *Palais des Travailleurs,* théâtre *yidish* qu'annoncent de multiples affiches imprimées en caractères hébraïques, les places coûtent de trois à dix francs : ces étrangers, à peine installés en France dont ils ignorent encore la langue, sont déjà plus riches que les Français. Comme je m'approche du guichet, une employée s'avance vivement vers moi : « Monsieur, ce n'est pas ici le théâtre français. — Peu importe ! donnez-moi un billet. — Vous ne comprendrez rien. — Donnez toujours. » Mon type et mon costume m'ont trahi : les Juifs se reconnaissent entre eux et ils sont mieux vêtus que les Français du quartier. La vaste salle est pleine aux deux tiers : toutes les places chères sont occupées ; il n'y a de vides qu'aux places à trois francs. Je compte trois à quatre cents spectateurs, endimanchés, c'est-à-dire vêtus de leurs habits du sabbat. Les artistes sont excellents, les jeux de scène parfaits. Mais en tout ils mettent de l'outrance et de la brutalité ; leurs accès de passion ont un caractère de véhémence sauvage ; les scènes qui visent à être plaisantes deviennent de suite grotesques. La langue des acteurs choque nos oreilles, blesse notre sensibilité : ce patois judéo-germanique émaillé de mots anglais et sans doute de termes empruntés aux peuples de l'Orient européen où, pour leur malheur, la race errante a quelque temps croupi et pullulé, nous blesse et nous écœure. Des acclamations brèves et rauques, qui déchirent les ténèbres de la salle pour saluer, sur la scène violemment éclairée, les passages les plus pathétiques, sonnent comme les hurlements des loups dans les sombres forêts slaves. Un peuple étranger campe parmi nous. Lorsque la salle s'éclaire pour l'entr'acte, on ne voit que visages durs, nez inquiétants, bouches sensuelles et cruelles, des sourires en rictus sur des faces de proie, les vêtements sombres des hommes, les longs colliers des femmes, pendant jusqu'aux tailles courtes et épaisses. Voilà les vrais vainqueurs de la guerre : sortis de tous leurs repaires de l'Europe orientale et centrale, ils s'infiltrent chez nous, s'y implantent et s'y accroissent pour nous asservir ou nous chasser.

CHAPITRE IV

MÉNILMONTANT
UNE FABRIQUE D'APPAREILS A AFFUTER.

§ 1. — Un atelier de fabrication de meules artificielles.

L'atelier emploie une centaine d'hommes : colti-neurs de sacs de sable ou d'émeri, mélangeurs, mou-leurs, servants des machines à comprimer, chauffeurs des fours, rectificateurs de meules. Ils sont tous qua-lifiés de manœuvres et payés environ deux francs l'heure, astreints réglementairement à dix heures de travail par jour et, pour la plupart, contraints mora-lement, sous menace à peine déguisée de renvoi, d'accepter de faire quotidiennement une heure de tra-vail supplémentaire. C'est donc, en fait, pour la plupart, la journée de onze heures : de sept heures à onze heures quarante-cinq et de une heure du soir à sept heures. Les ouvriers recrutés sont, ou des hom-mes sans métier, ou des gens âgés, ou des habitants du quartier, ou bien des étrangers, Italiens, Espagnols, indigènes d'Algérie.

Il est sept heures moins cinq. Des groupes attendent devant la porte. A côté de moi, un homme dit à son camarade : « On rentre ? —- Ah ! gourmand ! raille l'autre. Faut-il que tu sois pressé de bouffer de la poussière ! » Un de leurs voisins franchit le seuil, disant : « Soyons courageux jusqu'au bout ! »

Je suis chargé des machines appelées mélangeuses. On m'apporte, dans des bassins, différents mélanges d'émeri et de sable, auxquels je dois ajouter un poids défini de colle. Le tout, une fois grossièrement mêlé, est versé dans une cuve où tournent deux malaxeuses. L'appareil est arrêté au bout de six minutes et ouvert à sa partie inférieure d'où s'échappe le mélange qui, recueilli dans un bassin, est porté aux mouleurs. Le contrôle porte surtout sur leur activité : ils doivent fournir un certain nombre de meules de tel modèjà, chaque jour ; par ce détour, bien que payés à l'heure, ils sont stimulés à produire autant que s'ils étaient payés aux pièces ; et comme leur suractivité commande celle des hommes qui préparent leur tâche et des hommes qui l'achèvent, tout le personnel se trouve ainsi entraîné à fournir le travail intense que le salaire aux pièces suscite habituellement. Calcul habile, profitable au patron, mais dont les ouvriers dupés font les frais. « Eh oui ! » dit, tristement résigné, un mouleur, « ça revient à du travail aux pièces obtenu avec des ouvriers payés à l'heure qui gagnent en onze heures ce que les ouvriers aux pièces gagnent en huit. » Journée excessive et salaire modeste : le patron est un homme ingénieux, mais à nos dépens. Nous sommes payés de un franc soixante-quinze à un franc quatre-vingt-dix par heure, sauf les neuvième, dixième et onzième heures, payées chacune huit sous de plus, à titre d'heures supplémentaires.

Un ouvrier d'une cinquantaine d'années me demande, le premier jour : « Ça va, le métier ?... Ah ! ajoute-t-il en haussant les épaules, il n'y a pas besoin pour ça d'un stage à Saint-Maixent !... » Un jeune mouleur me demande très poliment : « Si ça ne vous fait rien, voulez-vous me préparer trois de ces mélanges-là ? » Et il ajoute aussitôt : « Alors, ça va bien le travail ? » J'exprime ma surprise de voir pratiquer la journée de dix et même onze heures. « Ah ! fait-il avec indifférence, ailleurs, j'ai travaillé huit heures... » Et un vieil ouvrier, qui besogne à côté de moi, ajoute, du même ton indifférent : « Dix heures et onze heures, c'est la mode ici. »

De temps en temps, un coltineur passe près de moi. Il me confie qu'il n'avait jamais travaillé en usine ; mais il a dû s'y résigner récemment. C'est un petit rentier ruiné par la guerre, âgé de plus de soixante ans et mal portant ; il marche voûté, traînant la jambe ; il demeure à l'autre extrémité de Paris ; il perd une heure le matin pour venir à l'usine et une heure le soir pour rentrer chez lui ; il y arrive si fatigué qu'à peine sa nourriture prise il se couche. Quel courage et quelle dure destinée ! Ce cas n'est pas rare. L'élévation du prix de la vie, consécutive à la guerre, a contraint plus d'un petit

rentier — commerçants ou employés qui avaient pris
leur retraite en 1914 — à travailler pour vivre, à
accepter de travailler comme simples manœuvres dans
les usines.

Mes compagnons d'atelier, bien que dépourvus de
formation professionnelle et appartenant ainsi à une
catégorie inférieure d'ouvriers, se montrent tous assi-
dus à leur tâche, bons travailleurs, de tenue et de
langage habituellement corrects. Sur eux tous, la journée de dix heures et de onze heures pèse d'un poids
très lourd. Aucun décret n'a encore étendu à cette
industrie ni à plusieurs autres la journée de huit
heures ; l'organisation professionnelle n'existant pas,
aucune législation professionnelle n'a pu être établie
par les intéressés ; les patrons imposent aussitôt le
régime de leur bon plaisir qui est le moindre salaire
possible avec le plus d'heures de travail qu'il est
possible, et voilà comment je me retrouve astreint à
cette journée de onze heures que j'ai subie, il y a
vingt et un ans, au temps de mes premières enquêtes.
A la fin de cette journée abrutissante, il ne me reste
plus qu'à aller manger et me coucher pour réparer
mes forces. Lorsque je sors de l'atelier, à sept heures
du soir, n'ayant eu, à midi, que le temps de prendre
mon repas, beaucoup de magasins et tous les bureaux
sont fermés ; je ne puis même plus entrer dans un
bureau de poste pour faire recommander une lettre,
prendre ou toucher un mandat, acheter des Bons de
la Défense ou verser mes économies à la Caisse
d'Epargne. Harassé de fatigue, comment pourrais-je
participer à la vie d'organes corporatifs même radi-

mentaires ? Contre l'existence de bête de somme, qu'il me faut mener, la réaction brutale de l'ivrognerie devient une tentation permanente. Le patronat a laissé l'ouvrier croupir dans cet état pendant un siècle. On alléguait vaguement : « Les choses sont ainsi... Il n'est pas possible d'y rien changer... Il faut travailler... Les nécessités de la production... » A la vérité, on ne s'intéressait pas à ce que l'ouvrier cessât d'être une brute : cela permettait de le traiter en brute ; il ne pouvait recourir qu'à la violence, et l'on en tirait prétexte pour justifier la violence qu'on lui faisait et celle qu'on lui opposait. La répression paraissait plus commode. Il s'y joignait et il s'y joint encore la corruption de leurs chefs : on achète les meneurs, qui trahissent au profit de ceux qui les paient ceux qui leur donnent leur foi, vendent les délibérations des comités révolutionnaires, fomentent des grèves déraisonnables qu'ils savent assurées d'échouer, s'enrichissent et font leur carrière politique en dupant leur clientèle ouvrière. Le salarié n'a pu mieux ni plus vite améliorer sa destinée parce que ses efforts ont été trop longtemps trompés par des chefs corrompus, un patronat coupable et des pouvoirs publics complices.

Ce régime des onze heures quotidiennes est cependant plus tolérable aujourd'hui qu'autrefois, car l'observation de la semaine anglaise (semaine française médiévale) nous apporte quelque soulagement. Aussi, le lundi matin, personne ne manque à l'appel. Il faut avoir subi autrefois la journée de onze heures pour se rendre compte de l'immense progrès réalisé par la réduction de la durée du travail. Il faut être amené à la subir à nouveau pour ne pouvoir se retenir de crier qu'elle reste un blasphème contre la dignité humaine et un crime contre les forces du travailleur. Et encore n'ai-je pas connu le temps maudit où l'ouvrier travaillait sept jours par semaine! Le repos du dimanche et de l'après-midi du samedi fournit un grand et utile délassement qui rend l'ouvrier admirablement dispos pour reprendre, le lundi matin, la tâche coutumière.

Cependant, au vestiaire, un homme d'une soixantaine d'années gémit sur son sort qui le condamne à travailler sans répit en demeurant dans la même situation gênée, humiliée et précaire, sans aucune espérance : « Encore une semaine à recommencer et toujours ainsi jusqu'à la fin, sans que notre situation s'améliore !... Il y en a pourtant qui s'enrichissent ! Autrefois, ils n'étaient pas plus riches que nous et aujourd'hui ils roulent automobile... » Un autre, à propos de la construction, dans le quartier, d'un vaste immeuble pour ouvriers, exprime son vif amour de l'indépendance : « Les logements ont l'air confortables avec leurs grandes pièces bien éclairées et aérées. Mais habiter dans ces constructions philanthropiques... c'est une autre affaire... De vraies casernes... Quand on veut rentrer après dix heures du soir, il faut demander la permission !... Ma liberté, d'abord !... »

Les bassins remplis de mélanges pèsent une quarantaine de kilos : sans cesse, je les manipule pour les vider, les remplir, les transporter sur la balance,

ou aux mélangeuses, ou aux mouleurs. La quantité
de colle varie suivant le degré de dureté que doit
présenter la meule ; le grain des mélanges est d'autant plus fin que la meule est destinée à l'affutage
d'outils plus délicats qu'il importe de ne pas rayer.
Aussi, lorsque la machine doit recevoir un mélange
de grain plus fin que le précédent, faut-il qu'elle
soit soigneusement grattée et nettoyée pour éviter
que les grains plus gros du mélange précédent ne
s'y mêlent. Pour nettoyer une machine, il faut en
gratter les parois, les deux meules et les deux cou-
teaux, pendant vingt à quarante minutes. Il est rare
que je ne doive accomplir ma tâche à toute vitesse ;
les mouleurs réclament leurs pâtes ; il faut que je
me hâte de faire les pesées, de surveiller la marche
des mélangeuses, de les nettoyer, de manier les lourds
bassins. Le pauvre vieux rentier ruiné passe parfois
en traînant la jambe : il arrive en jaquette à l'usine,
il revêt une salopette bleue, il porte courageusement
de lourds fardeaux : « Le dimanche, me dit-il, je
suis si las que je reste couché toute la journée. —
Le travail que vous accomplissez est trop dur pour
vous. Il y a des besognes plus faciles. Vous devriez
demander à être mis dans un bon petit coin... —
Oh ! » fait-il en songeant au cimetière, « je connais
un bon petit coin qui m'attend et où j'irai bientôt... »

Un photographe s'installe un jour devant la porte
de l'atelier, après le déjeuner, à l'heure de la rentrée, et offre ses services. Un des jeunes mouleurs
— dix-neuf ans — vient de se faire tirer dans un
groupe. Il me montre avec satisfaction la très mé-

diocre épreuve qui lui a été remise séance tenante :
« Bah ! dit-il, ça coûte si peu, vingt sous ! ». Un
autre mouleur, plus jeune — dix-sept ans — s'écrie
avec un accent de dépit : « Comment ! tu t'es fait
photographier à côté d'Henriette ! — Dame ! elle se
trouvait là ! — Mais c'est ma femme ! » crie l'autre,
furieux... Le coup de sifflet retentit : nous rentrons.
Quelques retardataires se mettent à courir pour ne
pas « *être à la bourre* » (1). A l'atelier, un mouleur
— vingt-trois ou vingt-quatre ans — paraît au dernier bien avec une petite mouleuse, sa voisine de
travail : il la poursuit dans les coins et ils se tutoient.

Un vendredi matin, il a plu abondamment. Mon
voisin de travail, un homme d'une cinquantaine
d'années, se tourne vers moi : « Je n'aurai pas besoin murmure-t-il, d'arroser mes fleurs demain. —
Vous avez un jardin ? — Non, répond-il à voix plus
basse. C'est les fleurs de la tombe de ma femme. Je
ne peux pas rester huit jours sans y aller : il me
semblerait qu'il me manque quelque chose ». Et,
ayant exprimé de cette façon discrète le culte qu'une
affection profonde et fidèle lui inspire, il poursuit
sa tâche. D'autres fois, il lui arrive de me confier
ses préoccupations ménagères : il faut qu'il rentre
vite pour acheter la viande du dîner et la faire cuire ;
ou bien il a préparé le pot-au-feu qu'un de ses
deux jeunes fils, avant de partir au travail, a mis
en train, et il se demande si, en leur absence, la mar-
mite a bien continué de bouillir.

(1) Expression d'argot qui signifie arriver en retard à l'atelier et
rester dans la rue devant la porte close.

Un manœuvre me raconte qu'avant la guerre il était chef-chauffeur dans une grande maison de commerce ; mais la guerre lui a fait perdre sa place et les fatigues des tranchées ont altéré profondément sa santé ; un de ses fils a été tué : « Et moi, je suis venu m'échouer ici... » Il me demande : « Vous ne travailliez pas dans les bureaux avant de venir ici ? — Oh ! non : dans une fonderie ! »

Un soir, j'ai besoin, pour une course urgente, de sortir à six heures au lieu de sept. C'est tout juste si le contre-maître m'accorde cette permission. Le lendemain, je suis obligé de demander à quitter l'atelier à onze heures au lieu de midi. Le contre-maître ne cache pas son mécontentement ; il finit par m'y autoriser, mais en ajoutant : « Vous m'avez déjà demandé de sortir hier à six heures. Il ne faut pas que ça se renouvelle trop souvent. »

Un samedi matin, à sept heures, au vestiaire, un ouvrier d'une soixantaine d'années, d'ailleurs vigoureux, se plaint de la fatigue : « Je serais bien resté au lit ; j'avais les membres rompus. » Avec des journées de onze heures, ce n'est pas pour surprendre.

Un autre matin, un homme de cinquante à soixante ans déclare : « Ce que je ne peux pas digérer, c'est leurs onze heures. Nous travaillons beaucoup d'heures pour gagner peu d'argent. »

Très juste ! Et pour ma part, je décide de « *prendre mes quatre sous* » (1). Je prie le contre-maître de préparer mon compte. « Qu'est-ce qui ne va pas ?

____

(1) Expression populaire pour « se faire régler ».

me demande-t-il. Le travail ? ou la paye ? Vous recevez un salaire de début... Il m'aurait été agréable de vous conserver... »

Merci !

§ 2 — Logis — Quartier — Les Juifs Restaurants — Cinés et distractions populaires.

Vainement j'ai cherché une chambre libre dans les nombreux hôtels de la rue des Maronites et de la rue des Panoyaux. Je finis par en découvrir une au voisinage du boulevard de Ménilmontant. Il n'y a pas de débit de vins dans cet hôtel : précieux avantage pour les locataires. Des bâtiments à trois étages entourent les quatre côtés d'une cour fort propre et comptent une soixantaine de chambres habitées par des célibataires, des ménages, des familles avec enfants ; beaucoup préparent leurs repas dans leur chambre ou dans une petite cuisine qui en dépend. Les couloirs, escaliers et chambres sont soigneusement balayés, aussi proprement tenus qu'il est possible dans une bâtisse ancienne. Les murs en sont misérablement couverts de vieilles peintures en partie brunes et jaunâtres qui donnent à la maison un aspect triste. Les papiers des chambres sont vieux et malpropres. Je demande s'il y a des punaises. « Il y en a eu, répond avec quelque hésitation le logeur. Mais il n'y en a plus, on a soufré. » Dès la première nuit, il me deviendra impossible de partager son optimisme. L'électricité est installée partout. Ma chambre

mesure quatre mètres sur deux. La hauteur d'étage
est de près de quatre mètres. Un lit de fer, une
commode, une table de toilette, une table de nuit, une
chaise, voilà tout le mobilier. Je paie vingt-trois francs
par semaine, et il faut, en outre, donner un pourboire
à la bonne. Un water-closet avec une chasse d'eau qui
ne fonctionne pas est installé dans l'escalier. La première nuit, la fatigue aidant, je dors bien ; néanmoins,
je tue vingt punaises. Le lendemain, elles m'éveillent
à une heure trente, deux heures, deux heures trente,
trois heures, trois heures vingt, trois heures quarante-cinq : j'en tue quarante-huit. Le surlendemain,
vingt et une ; les nuits suivantes, selon que la fatigue me rend insensible à leurs tourments ou qu'au
contraire elles triomphent de mon sommeil, entre
neuf et trente-huit.

De ma fenêtre, ma vue plonge, en face, dans une
chambre occupée par un Italien ; le soir, il y prépare
un repas que deux de ses compatriotes viennent partager. Je puis compter cinq chambres occupées par
des Italiens. Mais il y en a bien d'autres : ils sont
en assez grand nombre dans cet hôtel. D'un coin de
la cour, un soir, montent leurs voix chantantes. J'entends, une fois, la patronne dire à l'un d'eux : « Aver-
tissez vos amis, ils discutent trop fort. On les entend
de partout. S'ils veulent continuer, ils continueront
ailleurs. » Elle veille attentivement à la bonne tenue
de son hôtel. Mais, depuis le triomphe du fascisme,
plus de cent mille communistes italiens ont émigré en
France, en particulier à Paris, où ils constituent pour
nous, surtout avec la multitude des autres étrangers

et des Juifs, un grave danger au cas de difficultés
extérieures ou intérieures et de troubles fomentés par
les révolutionnaires. Beaucoup de ménages habitent
cet hôtel ; je n'ai jamais vu d'autres enfants qu'une
fillette d'une douzaine d'années qui habite avec ses
parents une chambre voisine de la mienne ; un samedi soir, à dix heures, j'entends, pendant près d'une
heure, une bruyante dispute entre le père qui se
répand en injures et menaces de coups, et la mère
dont les larmes et les supplications s'unissent à celles
de l'enfant. L'autre chambre mitoyenne est occupée
par un couple ; la minceur de la cloison ne garde pas
le secret de leurs joies.

Le soir, je rentre dans ma chambre, harassé. Je
m'étends jusqu'à sept heures sur mon lit. En face de
moi, par la fenêtre ouverte, le rebord du toit dessine
un trait net sur le ciel pâli, le ciel de Septembre :
c'est l'heure blanche où s'achève le jour.

Après dîner, aux approches de huit heures, sur le
boulevard de Ménilmontant, c'est l'heure bleue, l'instant exquis où les vapeurs légères, dont se drape
comme d'une gaze l'emmêlement du jour qui finit et
de la nuit qui commence, épandent le charme indécis
du crépuscule. L'air est tiède et, dans cette reposante
douceur du soir naissant, quelques lumières s'allument aux tramways, aux cafés, aux restaurants. Une
rumeur confuse vient s'éteindre sur la large trouée
du boulevard ; elle arrive de la rue de Ménilmontant
où, tout à l'heure, un chanteur ambulant amusait les
passants avec une chanson humoristique sur « *La
vie chère* » (puissions-nous ne jamais qu'en sourire !)

et où, maintenant, se continue, dans l'animation de la foule des travailleurs qui escaladent la colline, le marché des petites voitures accolées au trottoir. Mais, sur le calme boulevard, c'est le repos ; les gens du voisinage, descendus des petites rues sombres, emplissent les bancs : couples de tout âge et de tout genre, vieilles femmes, familles ouvrières, vieux et jeunes ouvriers, enfants pour qui les larges trottoirs deviennent cour de récréation ; et de nombreux promeneurs, dans la tenue pauvre ou négligée de ceux que le travail n'enrichit pas ou que la hâte de respirer le grand air et de jouir des derniers beaux jours d'été a poussés hors de leurs tristes demeures. Sur un kiosque je lis : « Cabinet de jurisconsulte... Divorces à crédit... » Ce peuple est exploité de toute manière. Sur une affiche, un énergumène a griffonné : « Castelnau, le vaincu de Morange (*sic*) et de Lunéville ». Et un autre, un peu plus loin : « Le pape boche ». L'internationalisme des communistes et des anticléricaux fabrique parfois de singuliers nationalistes !

Sur un banc, un individu très mal vêtu et dont le nez en banane indique la race s'entretient, en une langue incorrecte, encore altérée par l'accent germanique, avec une Française : « Ce qu'il faudrait, lui dit-il, c'est une alliance avec l'Allemagne et la Russie. Alors le commerce reprendrait parce que les Russes ont besoin... » Ainsi glisse dans le peuple le mot d'ordre de la Synagogue.

Une colonie d'immigrés juifs s'est installée sur les pentes de Ménilmontant. Un hôtel juif, *Hôtel de la*

Bienvenue, étale, rue des Maronites, son enseigne en caractères hébraïques. Ces étrangers se répandent, le soir, sur les boulevards extérieurs : leur langue inconnue frappe les oreilles. On me signale la même invasion à Clignancourt, rue Championnet, et dans le XIII° arrondissement, autour de la place d'Italie.

Les marchandes des quatre-saisons occupent tout le haut de la rue Oberkampf et tout le bas de la rue de Ménilmontant. A la fin de l'après-midi, les nombreux bars de la rue Oberkampf s'emplissent de clients : on y compte autant de femmes que d'hommes et parfois même davantage ; je ne vois même que des femmes dans un de ces débits ; clientes qui ont achevé de s'approvisionner et vendeuses qui ont, à l'heure de l'apéritif, laissé pour quelques instants, le long du trottoir, leurs petites voitures ; femmes en cheveux et pauvrement vêtues, de tout âge, assises aux tables ou debout au comptoir, elles poursuivent entre elles d'interminables commérages.

Vers sept heures du soir, dans le bas de la longue rue grimpante de Ménilmontant, entre les hautes maisons à six étages, c'est une foule grouillante, bruyante, affairée, toute à ses achats alimentaires, au milieu des appels et des ronflements des tramways et des autobus. La rue des Amandiers, qui se détache de la rue de Ménilmontant en face de l'église Notre-Dame-de-la-Croix, est une vieille artère, la principale sans doute, de l'ancien village : tortueuse et sordide, elle reçoit les apports d'impasses et de cours profondes, greffées sur ses flancs. Il y règne, à cette même heure du soir, une agitation silencieuse de piétons affairés ou flâneurs, maîtres de ce pavé où nulle voiture ne bondit ; ce ne sont que commères commérant sur le trottoir, bandes d'enfants ou d'adolescents, bars emplis de clients bavards, groupes de garçons et de filles conversant aux coins de rue. Le réseau de ces vieilles rues s'enlace sur la pente de la colline : parfois, entre les noires murailles de hauts immeubles, file une ruelle si étroite que deux personnes peuvent tout juste s'y croiser. Dans la sombre rue Duris, vit une colonie d'indigènes algériens.

Plus haut perché sur la colline que le vieux quartier des Amandiers, le quartier neuf de la rue Boyer et de la Bidassoa se compose de maisons plus récentes; au bas de la rue Boyer, s'élèvent même un immeuble neuf, distribué en logements ouvriers confortables, et les imposants bâtiments d'une vaste cité ouvrière, belle construction toute nouvelle où s'accumulent les logis salubres, aérés et ensoleillés. Une cité semblable est en construction sur la crête de la colline. La plus grande partie de ce quartier, avec ses espaces nus encore — terrains vagues ou jardins — ses boulevards et ses rues neuves, ses habitations superposées en amphithéâtre sur les pentes tournées au midi, forme un ensemble salubre et plaisant qui ne pourra que s'améliorer et s'embellir. Ces réalisations matérielles dissipent jusqu'au souvenir des utopies saint-simonniennes qui tentèrent, voilà bientôt cent ans, de prendre corps dans ces parages avant de sombrer dans le ridicule. Tout au sommet de la colline, on a la surprise d'un modeste village suburbain d'autrefois : des

maisons très humbles et des jardins, des carrefours
provinciaux, calmes et déserts ; à quelques grandes
bâtisses neuves succèdent de modestes demeures,
vieilles et noires ; à un détour de rue, c'est un bou-
quet d'arbres, un terrain vague, une échappée sur
l'espace, et tout cela baigné d'air et de soleil sous
l'envol du ciel jusqu'à ce que, brusquement, on se
retrouve dans une petite rue vieillotte, étroite et tortueuse, sur laquelle, par endroits, des branchages se
penchent ou une touffe de lierre, et qui semble, à
leur ombre, goûter la paix d'un recoin perdu de loin-
taine province. Plus d'autobus, ni de tramways, pas
de voitures, peu de passants : ce serait l'oubli du
monde si l'on ne sentait plus qu'on ne le perçoit,
dans cet Auteuil ouvrier, le frémissement tout proche
de Paris, la grand'ville.

Quand s'achève le jour, le large boulevard de Ménilmontant devient un lieu de promenade ou de reposante flânerie. Le crépuscule descend, un crépuscule
d'été, un crépuscule bleu qui enveloppe les hommes
et les choses d'une buée de lumière mourante flottant comme une gaze sur la perspective de l'ample
terre-plein et jusqu'au ciel où s'attarde un dernier
reflet de nacre rose — soir léger et doux dont la
molle clarté répand partout un grand apaisement.
Les rampes électriques des cafés et des cinémas,
crues, brutales, ne violent pas encore les regards.
Le soleil s'est éteint. On se sent flotter entre le
jour et la nuit, aux frontières indécises du temps,
dans l'imprécision d'une métamorphose où le rêve
semble prendre corps, semant pour quelques instants

fugitifs l'oubli du dur labeur de l'atelier et de la triste réalité du logis.

Mais bientôt viennent les premières pluies d'automne et c'est, de suite, le Paris d'hiver, au ciel de suie, avec ses perspectives brumeuses, ses façades noires, son sol gluant, où, la nuit faite, les flaques miroitent sous le reflet des lumières ; un paysage urbain maussade et déprimant, sous l'humidité pénétrante et glacée. L'eau tombe silencieuse, fine et drue, inlassablement, du gouffre des ténèbres sur le pavé et sur l'asphalte où elle rejaillit, ruisselle, s'étale en nappes minces, traversées par des traînées tremblantes de clartés jaunes. Brusquement, les rêves d'or de l'été se sont dissipés sous la venue brutale de la mauvaise saison, cette barbare du Nord, campée d'un seul coup dans Paris.

Le matin, en me rendant au travail, je prends mon petit déjeuner dans une laiterie : un bol de lait chaud avec un morceau de pain coûte cinquante-cinq centimes ; un bol de chocolat et un morceau de pain, soixante-cinq centimes. Mais, dans le courant de septembre, le litre de lait ayant augmenté de dix centimes, le bol de lait ou de chocolat coûte cinq centimes de plus.

Pendant que se tient le marché sur le boulevard de Ménilmontant, quelques marchands de légumes déjeûnent dans une crémerie-restaurant voisine. « Vous avez vu ? dit un homme, les Espagnols se sont révoltés contre leur gouvernement. — Ah ! » fait une femme d'un ton satisfait. « — Mais, reprend l'homme, ça n'est pas contre leur roi : ils le gardent.

C'est contre ses ministres. — Ah ! » fait la femme
d'un ton désappointé. « ... Enfin, murmure-t-elle,
s'ils doivent être plus heureux... » Un autre jour,
je viens à la crémerie dans le courant de l'après-
midi, après la fin du marché : les éventaires ont
déjà disparu, des débris de légumes souillent le sol ;
je trouve dans la boutique un vieil homme attablé devant une chopine et un verre ; mains noires,
visage cuit par le soleil, nez très rouge, barbe de
huit jours, il est coiffé d'un vieux chapeau de feutre
mou, fort crasseux, chaussé de gros brodequins dé-
lacés, vêtu d'effets de drap décoloré et taché, un fou-
lard au cou, sale comme son linge. L'homme est affalé
contre le mur. Il ouvre avec effort ses paupières sur
un œil morne et hagard ; sa main peine à trouver
le verre demi-plein ; sa tête retombe sur son épaule ;
de temps à autre, il se redresse, plisse le nez, fait
une grimace, esquisse des gestes vagues, émet des
sons inarticulés. La patronne le regarde avec dégoût.
Il lui demande, d'une langue pâteuse, son compte :
« Vous avez été content du marché ? » interroge-t-elle.
L'homme répond : « Bah ! ça va, ça vient... Et pis,
j'vaux rien... » Son nez se plisse, sa paupière glisse,
sa tête retombe. « Allons ! reprend la femme, vous
me devez une soupe, un œuf sur le plat, un demi-
setier de vin blanc, et quatre chopines de rouge.
Ça fait six francs vingt-cinq... »

Aux environs de midi, les ateliers se vident : en
habits de travail ou vêtus d'effets très usagés, jeunes
et vieux se hâtent vers le logis ou vers les restaurants ; de petites jeunes filles, aux allures garçon-

nières, passent, le verbe haut et des gros mots plein la bouche. Puis, très vite, toute cette animation cesse : les rues redeviennent désertes ; partout l'on mange. Les menus maigres sont moins coûteux. Dans un restaurant du boulevard de Ménilmontant, je dépense trois francs soixante-cinq en prenant du vin :

Demi-setier de rouge 0.50
Deux morceaux de pain 0.40
Sardines à l'huile 0.60
Carottes 0.70
Haricots blancs 0.70
Fromage 0.60
Pourboire 0.15
                               ————
                               3.65

En supprimant le vin et en réduisant la quantité des aliments maigres, je ne dépense que deux francs dix dans un Bouillon situé au bas de la rue de Ménilmontant :

Chicorée au jus 0.40
Nouilles 0.60
Riz au lait 0.70
Un morceau de pain 0.25
Pourboire 0.15
                               ————
                               2.10

Un seul restaurant, dans le quartier, m'a fait payer vingt centimes de supplément parce que je ne buvais pas de vin.

Dans un restaurant, des gaziers grévistes viennent quêter pour les « camarades » et distribuent, en retour des offrandes, une carte postale représentant la pieuvre « S. G. P. » (Société du gaz de Paris) avec cette légende : « Si la ville de Paris est en déficit, si les travailleurs du gaz sont miséreux, c'est au profit des exploitants de la régie intéressée. » Un client lit l'*Œuvre* (1).

Dans un autre restaurant, les clients sont successivement sollicités par deux jeunes musiciens ambulants, puis par un vieillard infirme.

Les ouvriers, pendant leurs repas, sont continuellement en butte à des demandes d'aumône. Dans tous les quartiers où j'ai travaillé, j'ai constaté ce fait. Un jour, dans le faubourg du Temple, trois infirmes sont venus successivement tendre la main aux clients du restaurant où je déjeunais. Ailleurs, ce sont des musiciens, hommes ou femmes, isolés ou en groupe, joueurs de violon, de piston, de mandoline ou d'accordéon ; ou bien des chanteurs de l'un ou l'autre sexe ; et, toujours, la plupart des consommateurs se laissent attendrir et donnent quelques sous.

A côté de moi, deux ouvriers parlent en se plaignant du nouveau renchérissement de la vie. « C'est la faute du gouvernement ! » s'écrie l'un d'eux, un mécanicien en salopette bleue, homme d'une cinquantaine d'années, qui absorbe une chopine, deux portions de viande, une de légumes et un fromage. « On

---

(1) Voici une note de blanchissage :

une chemise (sans amidonnage).........	1.10
un gilet de flanelle....................	0.90
un caleçon	0.90
une paire de chaussettes...............	0.30
un mouchoir...........................	0.15
	3.35

nous diminue le pain d'un sou, mais on nous augmente le lait de deux et le beurre de dix !... Et vous allez voir les pommes de terre !... Si ça continue... » Dans une crémerie voisine, j'entends des réflexions semblables : « Tout augmente encore ! C'est pourtant pas le moment ! Qu'est-ce que ça sera cet hiver !... » Un client lit le *Quotidien*. Ailleurs, à ma table, un ouvrier dit à son voisin : « C'que c'est que la force... la force de l'argent ! Dans la grève du gaz, une douzaine de gros actionnaires tiennent tête à quatre cent mille travailleurs. L'argent est plus fort que le travail. » Le duumvirat Lénine-Trotsky tient tête à cent millions de Russes : il détient la force de l'argent, de tous les capitaux du pays concentrés dans ses mains par la nationalisation de tous les biens, et il détient la force tout court, la force armée, les soldats qu'il réduit à merci, comme le reste de la population, par la faim. Le régime capitaliste, le voilà ! c'est le communisme qui, lui donnant sa forme complète et parfaite, le réalise intégralement.

Dans une rue du quartier, je rencontre, un lundi soir, vers six heures, un homme à la démarche titubante — le seul que j'aie vu donner ce scandale.

Je dîne une fois rue des Amandiers, dans la salle, basse d'étage, obscure, enfumée, d'un petit restaurant misérable. Le fourneau est installé près de la porte. Le comptoir-débit lui fait face. Le sol est dallé, le mobilier vieux et sale. Une demi-douzaine d'ouvriers d'âge mûr dînent en silence ; une dizaine de jeunes, bruyamment ; tous sont très pauvrement vêtus.

Un autre soir, me rendant dîner rue de Ménilmon-

tant, je passe près d'un groupe de trois hommes et
de deux femmes. Un des hommes se plaint qu'on lui
ait volé quelque argent ; parlant du voleur, qu'il
connaît : « Il l'a mis, dit-il, dans *sa vague* (1) *et ça
fait la rue Michel* (2). » Le Restaurant des Coopé-
rateurs permet de réaliser une économie d'environ
10 % sur les prix des autres maisons : aussi est-il
extrêmement fréquenté. J'entends un homme d'une
trentaine d'années, lèvres rasées, dire à ses camarades : « Je ne gagne que cent quatre-vingts francs par
semaine. Je n'arriverai pas !... — Garde toujours ça
en attendant mieux, lui répond-on. Moi, je sais bien
que je n'ai jamais pu mettre quarante francs de côté...»
Oui ! mais il parle courses avec un troisième compagnon : il joue sur les chevaux !

Dans un autre grand restaurant de la rue de Ménilmontant, les clients dînent très sobrement d'une
soupe et d'un bœuf aux légumes avec un demi-setier
de vin rouge. D'ailleurs, dans tout le quartier, la
chopine fait exception. Nous sommes un samedi soir ;
la salle compte une soixantaine de clients, tous ouvriers, à l'exception d'un couple d'aspect et d'allure de petits bourgeois. Près de moi, un homme de
vingt-cinq à trente ans lit, en mangeant, le *Petit Parisien ;* il porte une chemise mauve, un faux-col mou,
blanc, et une cravate noire, un veston et un gilet
noirs, une casquette de drap gris ; la main gauche est
enveloppée d'un pansement. A la table suivante, un

(1) Dans sa poche.
(2) Et ça fait le compte, ça y est, le tour est joué.

vieux aux mains sales a pris place accompagné de
sa fille, une brune charmante, de mise très simple,
pauvre même, mais au visage d'un ovale parfait dont
les traits délicats s'éclairent de deux grands yeux
sombres dessinés en amande. Plus loin, j'aperçois un
jeune ouvrier avec son amie, poudrée, décolletée,
les doigts chargés de bagues, les cheveux frisés au
petit fer, le corsage en tricot de soie couleur orange.
Deux de leurs amis prennent place en face du couple :
jeunes gens de vingt à vingt-cinq ans, en vestons
noirs, casquettes grises, chemises fantaisie, rayées
blanc et bleu. Un jeune faux-ménage vient bientôt se
joindre à ce groupe. A ma gauche, est assis un vieux,
au poil blanc, à la barbe de huit jours, bedonnant,
chemise fripée, ni col ni gilet ; puis un ouvrier en
chapeau de feutre mou, chemise vieux rose, col mou
rabattu, cravate verte, qui lit *Le Journal ;* un autre,
coiffé d'un chapeau de feutre rond, habillé d'un veston élimé et crasseux. A une autre table, un homme
d'une quarantaine d'années, casquette plate à visière
de cuir, veston sombre, chemise et faux-col mou, de
couleur mauve, une cravate, une grosse figure sanguine ornée de fortes moustaches ; il est accompagné
de sa femme, en cheveux, et de ses deux enfants,
garçonnet et fillette. Plus loin, vers le fond de la
salle : — un homme de trente à trente-cinq ans, complet gris clair, chemise à rayures, sans faux-col,
large figure ronde et rose, moustaches blondes, casquette plate à visière vernie ; sa femme l'accompagne,
une blonde replète et fraîche, chapeau rond, noir, à
ruban gris, robe bleu foncé, échancrée ; — trois jeu-

nes hommes, le visage complètement rasé conformément à la mode qui se propage dans les milieux populaires ; — deux ouvriers avec leurs jeunes enfants ; — deux jeunes gens, de dix-huit à vingt ans, lèvres rasées, vêtus de toile kaki. Un murmure léger monte des tables où les conversations se poursuivent discrètement à voix presque basse. Un froissement de journal en couvre le bourdonnement : c'est, derrière moi, un homme d'une trentaine d'années, coiffé d'un feutre mou de couleur jaunâtre, vêtu d'un veston sombre, d'une chemise kaki à col mou rabattu, qui lit son *Intran* (1). Une vieille miséreuse, ridée et voûtée, à la robe minable, déteinte et rapiécée, parcourt lentement les tables, demandant à voix très basse l'aumône. Il y a toujours de la misère dans ces quartiers reculés ; peu, sans doute, mais, tout de même, il reste des vieilles gens qui n'attendent que de la charité leur maigre subsistance. Un autre couple survient (ils portent chacun trente ans), un faux ménage : pas d'alliance au doigt, des mains qui se cherchent, des regards noyés. Puis, entrent deux jeunes gens, de dix-huit à vingt ans, lèvres rasées; l'un d'eux tient *La Presse* à la main. Puis, un jeune ménage : la femme porte sur son bras un bébé. Les servantes changent fréquemment. Un autre soir, en semaine, la salle est plus qu'à moitié vide. Une des bonnes, jeune brune aux traits fins, multiplie les prévenances et les avances auprès d'un jeune client dont le visage lui plaît : il doit compter une vingtaine d'années ; il porte un

_____

(1) L'*Intransigeant.*

pantalon de velours, une veste noire, une casquette
et n'a pas de faux-col. « Ah ! » soupire la bonne en
lui apportant une portion, « vivement neuf heures et
que je m'en aille au bal ! » Quand elle repasse :
« ... Oui, vivement le bal ! — A Wagram ? » demande le jeune élu. « — Pourquoi Wagram ? Parce
que c'est le bal des bonniches ? Vous y êtes allé ?
— Non, jamais. — Moi non plus. Et il y a six ans
que je suis à Paris !... J'aime mieux les bals mu-
settes... » confie-t-elle, souriante, les yeux brillants,
les lèvres gourmandes... et elle file vers la cuisine.
Elle recrute. L'autre bonne en fait autant.

Boulevard de Ménilmontant, à la devanture d'un
marchand de journaux, je constate que *Le Petit Parisien* et *Le Journal* forment de hautes piles, que celle
du *Matin* est moindre de moitié et celle de *L'Humanité* presque moitié moindre encore que la précédente. Au coin du boulevard et de la rue de Ménilmontant, c'est-à-dire au cœur du quartier et en un
lieu extrêmement passager, une marchande de journaux prend en compte trois cents *Petit Parisien*, « Et
je ne bouillonne pas (1) ! » déclare-t-elle. Avec cela,
quatre-vingts *Matin*, quatre-vingts *Journal*, cinquante
Excelsior, quarante *Humanité*. Je lui achète un numéro de *L'Humanité* : « Vous n'en vendez pas beaucoup ? — Non, malheureusement », répond l'adroite
vendeuse au communiste qu'elle flaire en moi. Je
compte à son étalage une douzaine de numéros de
L'Œuvre, autant de *L'Echo de Paris*, et quelques

----

(1) *Bouillonner* signifie avoir des invendus.

journaux de sports, encore moins qu'à Popincourt où déjà il y en avait peu ; à cet égard, la différence entre Paris et la banlieue est considérable.

Un dimanche matin, dans l'immense église de Notre-Dame-de-la-Croix de Ménilmontant, la messe de sept heures et demie groupe environ cent soixante-dix personnes, dont deux douzaines d'hommes, jeunes gens et garçonnets ; celle de huit heures, environ deux cent cinquante fidèles, dont une trentaine d'hommes et jeunes gens et une douzaine de garçonnets. En comptant sept messes avec trois cents assistants, nous arrivons à un total de deux mille catholiques pratiquants sur une population de plus de cinquante mille âmes.

Mais la foule se presse au concert et aux cinémas. Même le vendredi soir, jour de travail et dernier jour de la pièce affichée pour la semaine, les jouvenceaux et jouvencelles du quartier affluent au *Concert du XX* siècle*, boulevard de Ménilmontant, où l'on donne *Epouse-la*. Ils ont vingt ans : lui, en casquette, elle, en cheveux. Viennent aussi des jeunes filles, frisées au petit fer, des peignes de strass dans la chevelure, vêtues de robes légères et décolletées. Que la température fraîchisse, un soir de pluie, et aussitôt on les voit sortir leurs tours de cou, leurs jaquettes en tricot, tandis que les jeunes gens se hâtent de revêtir les épais gilets de laine à la mode, dont les cols larges comme les deux mains s'étalent sur les épaules. Un samedi soir, le *Concert du XX* siècle* donne une revue : *Les femmes complotent*. Les places coûtent de deux francs vingt-cinq à cinq francs. Le public du quartier s'y entasse : travailleurs en vêtements de la semaine, gens de tout sexe, de tout âge, enfants, adolescents, jeunes gens, jeunes filles, hommes, vieillards, des femmes, des familles. Pendant que la salle se remplit, un couple un peu pris de boisson se dispute au grand amusement de ses voisins. L'homme, légèrement abêti par le vin, tente quelques facéties ; sa femme, assez surexcitée, le rabroue bruyamment, tente en vain de le faire sortir, le menace de s'en aller et finit par se rasseoir près de lui en dévorant à grands coups de dents un gros morceau de nougat. Mais le rideau se lève : décors frais et charmeurs, changements à vue et jeux de lumière, costumes étincelants et fards trompeurs, danses et demi-nudités, dialogues vivement menés, mots équivoques se succédant sans arrêt et tout de suite saisis par un public spirituel dont tous les nerfs sont fouettés par les images rapides, tout vise à verser à ces travailleurs fatigués l'oubli du triste atelier et des sombres demeures, l'ivresse des sens, les joies illusoires, et à lui plaire en le dépravant : fillettes et garçonnets amenés par leurs mères, adolescents, jeunes filles, adultes et vieux, tous sont emportés par le même tourbillon de séductions qui leur semble les porter très haut et les jettera, après une heure, dans les plus basses réalités.

Tout près de là, sur le boulevard, le Cinéma *L'Epatant* sollicite les passants. Dans le bas de la rue de Ménilmontant, il y a deux autres cinés, le *Phénix-Cinéma* et le *Ménil-Palace*, et un troisième dans le haut de la rue.

Je vais un dimanche soir au *Phénix-Cinéma*. Les places coûtent de un franc vingt-cinq à deux francs cinquante. On donne *Le Blaireau*, fantaisie d'Alphonse Allais, *Pathé-Journal* et *La Porteuse de pain*. Le *Pathé-Journal* fait passer sous nos yeux une cérémonie patriotique allemande, en Bavière : à la vue des casques à pointe, une huée, mêlée de quelques coups de sifflet, monte de toute la salle. Puis, c'est une cérémonie commémorative française militaire et religieuse : elle est accueillie avec une déférence marquée ; de Joffre, une femme dit, à côté de moi : « Il a vieilli. » Le défilé du clergé, évêque et prêtres, ne provoque pas la moindre manifestation. Avant le commencement de la séance, un homme et une femme ont pris place non loin de moi : elle parle haut, plaisante, rit très fort ; son mari se tait obstinément ; alors elle s'emporte contre lui : « Ben ! tu m'en fais, une g... ! Est-on venu ici pour s'amuser, oui ou non ?... Va-t-en, si ça ne te plaît pas !... Non ! tout de même !... Ah ! c'est un peu fort !... Tiens ! F... le camp !... » L'autre restant impassible : « Eh bien, puisque c'est comme ça, je ne bouge plus ! » crie-t-elle, furieuse. Et, la tête droite, les yeux fixés devant elle, hautaine et distante, elle demeure figée dans le silence : elle croit châtier son mari de n'avoir voulu ni parler ni rire.

Le cinéma est généralement inoffensif. Partout, le théâtre et le concert sont démoralisateurs. En revenant de voir une famille ouvrière amie qui habite Clignancourt, j'entre un dimanche soir dans un théâtre-concert du boulevard Barbès. Les places coûtent

de un franc vingt-cinq à quatre francs. On donne
deux pièces : *Une femme à passion* et *Fleur de trottoir*. Elles sont annoncées par des affiches en français et par des affiches en *yidish*, en raison, sans
doute, de la nombreuse colonie juive du quartier ;
les employés du théâtre appartiennent sûrement à
cette race. Dans la salle, à part quelques fauteuils
d'orchestre occupés par des femmes au type sémite
très accentué, c'est, à toutes les places, le public habituel des dimanches dans les salles populaires de
quartier : petits bourgeois, employés et commerçants, et beaucoup d'ouvriers. Dans un fauteuil d'orchestre, un ouvrier — trente-cinq à quarante ans —
en casquette, chemise beige à col rabattu, fume un
cigare ; on voit quelques familles, mais surtout des
adolescents, des jeunes gens, des jeunes filles, des
enfants. Aux fauteuils de balcon, deux fillettes de
huit à dix ans, un nœud rose dans leurs cheveux
blonds, se tiennent aux côtés de leur père, un ouvrier. Et voici le spectacle offert à l'enfance et à la
jeunesse.

Une femme à passion est une comédie en un acte,
bête et grossière, qui se passe dans une chambre
d'hôtel meublé : scènes et mimiques les plus indé-
centes se succèdent sur la scène au milieu des rires
joyeux du public. « Courage ! » crie aux acteurs et
à l'actrice une voix d'homme partie de l'amphithéâtre. La scène est plongée dans une demi-obscurité et dialogues ou silences sont parfaitement
ajustés à la situation. Les spectateurs sont en proie
à une joie délirante ; les rires sonores et inextin-

guibles des spectatrices mettent toute la salle en
folie. Sujet, paroles, pantomime sont écœurants.
L'exaltation malsaine du public l'est encore davantage. Le réalisme du spectacle est dépassé, s'il se
peut, par le réalisme des sentiments dont la salle
fait étalage. Cette petite pièce, où l'auteur ne montre
ni intelligence ni esprit, est sale. Comment s'étonner
du débordement d'immoralité qui caractérise l'après-
guerre ? Quels fruits peuvent porter, surtout après
l'enseignement donné par l'école sans Dieu, les leçons
que distribuent de pareils « spectacles d'art » ? Un
ouvrier métallurgiste déclarait que, lorsque son fils
aurait atteint l'âge convenable, il le conduirait lui-
même au b.... pour achever son éducation. « Vous
feriez cela pour votre fils, objecte un de ses camarades : le feriez-vous pour votre fille ? » Après un
moment de réflexion, l'autre répond : « Je commen-
cerais par m'en servir » (1). Ecole, spectacle, propos,
résolutions, actions, tout cela forme un ensemble cohé-
rent, d'une logique parfaite ; les conséquences décou-
lent des principes sur lesquels repose une société intégralement laïcisée, libérée des « morales d'esclaves »
et consciente de son « affranchissement ». Juste devant
moi, ont pris place une femme (sans alliance au doigt),
son fils (dix-huit à vingt ans) et l'amie de celui-ci, à
demi-allongée sur le jeune homme. Au balcon, un
ouvrier — trente à quarante ans — a quitté son veston ; un autre l'imite. Dans une loge, trois couples de

(1) Une parole semblable a été dite par un ouvrier de Biscaye :
Voir « *L'ouvrier espagnol* », t. II, p. 363.

jouvenceaux s'abandonnent à des attitudes libertines. Ces différents traits n'offrent rien d'exception-
nel : en les multipliant par cent — pièce, boîte à
spectacles, public — on obtient une assez bonne
moyenne de la situation présente.

Fleur de trottoir débute par un dialogue entre
une entremetteuse et un de ses clients, continue par
la défaillance d'une jeune ouvrière honnête, puis en
développe les conséquences : scènes de débauche,
scènes de violences ; un client de passage est entôlé,
puis devient victime de chantage. Et le reste. Les
spectateurs se montrent ravis de cette exhibition de
personnages immondes.

Pour attirer le public, les affiches étalaient un
« *Avis important : Fleur de trottoir*, l'un des plus
« grands succès du théâtre réaliste, est une œuvre
« intense où la plus scrupuleuse exactitude des
« mœurs a été observée par l'auteur. Toutes les
« classes de la société avec leurs vices, leurs tares
« et même leurs qualités sont mises à nu dans un
« drame poignant et si vécu ; aussi, voulant évi-
« ter tout malentendu, la Direction informe le pu-
« blic que ce spectacle s'adresse *aux grandes per-*
« *sonnes seulement.* » Aussitôt, familles et enfants,
petits jeunes gens et jouvencelles accourent.

Fleur de trottoir et son affiche rappellent *Chair
ardente* et sa réclame, l'an passé (1). Aujourd'hui
même, non loin du boulevard Barbès, dans le quartier de la Chapelle, près du grand marché de chair

(1) V. *Ateliers et taudis de la banlieue de Paris*, par Jacques Valdour, aux *Éditions Spes*, 1923.

humaine qui se tient en boutiques et sur le trottoir, le long des boulevards extérieurs, un autre théâtre donne *L'enfer des pierreuses*. Ces pièces sont successivement promenées sur toutes les scènes des quartiers excentriques et de la banlieue avant d'être exportées en province. Si l'on y ajoute toutes celles qui s'y apparentent étroitement et de nombreuses *Revues*, on se rendra peut-être compte de la formation morale reçue par des milliers de spectateurs.

CHAPITRE V

LES DESTRUCTEURS
ET LES CONSTRUCTEURS

§ 1. — Les puissances de ténèbres : tentatives d'agitation révolutionnaire, journaux, brochures, meetings de la rue de la Grange-aux-Belles, réunions communistes de « la Bellevilloise ».

Dans les quartiers étudiés au cours de cette enquête, les ouvriers lisent surtout *Le Petit Parisien*, puis *Le Journal*, *Le Matin* et les feuilles sportives, quelquefois mais rarement *L'Œuvre* et *Le Quotidien*. *L'Humanité* ne se trouve qu'exceptionnellement entre des mains ouvrières : elle n'est lue que par les socialistes militants ; il en résulte que son influence est beaucoup plus importante que le nombre de ses lecteurs ne le ferait supposer, car les idées se propagent parmi les salariés autant, si ce n'est même davantage, par les conversations de l'atelier, du cabaret, de la

(1) « Rien ne vaut l'action et la propagande sur le tas, action de détail, propagande quotidienne. » (*L'Humanité*, 24 août 1923, art. sur « Les comités d'usines de Troyes ».)

rue (1), que par la lecture des journaux; par cette voie, à laquelle on ne songe habituellement pas, les doctrines révolutionnaires se déversent dans la masse des travailleurs manuels; aux époques de crise, leur irruption se produit, rapide et déconcertante pour ceux qui oublient que, les socialistes ayant été longtemps seuls à se préoccuper du sort des ouvriers et à paraître en défendre sincèrement les intérêts, les salariés se tournent tout naturellement vers eux aux heures difficiles. Le journal *L'Humanité* exerce donc surtout par l'intermédiaire des meneurs son influence sur le peuple des usines. Quelques extraits de ses articles permettront de se rendre compte des idées qu'il prêchait au cours de l'été et de l'automne derniers.

Des opérations militaires ayant été effectuées pour réduire les derniers rebelles de la zone de Taza, *L'Humanité* publie un article (1) sur le « Banditisme civilisé au Maroc » : désormais, les « militaires seront « en état de livrer à leur maître le Capital un nouvel « exutoire pour sa surproduction, une nouvelle main- « d'œuvre à bon marché et du nouveau matériel hu- « main pour les prochains carnages ». Les lecteurs de ce journal ne comprendront jamais que faire participer de nouvelles populations à notre commerce, les transformer en consommateurs de nos produits, c'est assurer à nos ouvriers du pain.

Le premier article du même numéro de *L'Humanité*, intitulé : « Pour les semeurs de haine », assure qu'à cette heu « les dirigeants de France, d'Allemagne

(1) 23 août 1923.

et de pas mal d'autres pays escomptent une nouvelle
et prochaine conflagration générale ». Les chefs du
gouvernement français sont assimilés aux chefs du
gouvernement allemand. « Ces bons bourgeois » forment « une sorte de franc-maçonnerie internationale
militariste. » L'auteur de l'article, Alexandre Blanc,
omet de nous dire que son idole, Trotsky, ne rêve
que conquêtes à main armée, les prêche et les prépare, et que, seuls dans la Russie agonisante, ses pré-
toriens rouges sont assurés de pouvoir manger à leur
faim.

Dans trois « notes économiques », *L'Humanité* (1)
prêche l'absurde :

1° « *L'Orient conquiert son indépendance écono-
« mique.* — ... L'Europe occidentale était, jusque
« dans les dernières années qui précédèrent la guerre,
« la grande fournisseuse en produits de toutes sortes
« pour tous les pays d'Asie et d'Afrique. Ceci tend
« à disparaître rapidement. L'Europe a encore besoin
« des produits d'Orient, mais l'Orient a de moins en
« moins besoin des produits d'Europe. » — Tant pis
pour notre population ouvrière, menacée dans son
gagne-pain ! *L'Humanité* en paraît cependant satis-
faite.

2° « *Les primes à la natalité.* — La principale
« raison des campagnes du patronat français contre la
« journée de huit heures, c'est qu'il manque de main-
« d'œuvre... Aussi, partout où le patronat est suffi-
« samment conscient de ses intérêts de classe, il se

(1) 31 août 1923.

« met à instituer des primes à la natalité... Ces primes
« sont assez importantes. Un ouvrier dont le salaire
« est de vingt francs a celui-ci porté à trente-deux
« francs, soit une augmentation de plus de 50 %, s'il
« a quatre enfants. Il est douteux cependant que ces
« primes atteignent leur but. La classe ouvrière fran-
« çaise se rend parfaitement compte que les légères
« améliorations qu'elle a pu obtenir à son sort, elle
« les doit en partie à ce que le patronat court après
« les ouvriers, au lieu que ce soient les ouvriers qui
« courent après le travail, et que le jour où, par une
« natalité accrue, la grande armée de réserve des
« chômeurs sera reconstituée et pèsera sur le marché
« du travail, ce sera à nouveau la profonde misère
« des années 1900. » Conclusions erronées ! L'accroissement de la natalité française aurait pour premier
effet de substituer des ouvriers français aux ouvriers
étrangers qui sont venus occuper les places laissées
libres par la population ouvrière française déficiente.
En second lieu, dans le cas où cette natalité française continuerait encore à s'accroître, l'armée de
réserve des chômeurs ne se reconstituerait pas néces-
sairement ; et elle ne viendrait pas peser sur le
marché du travail dès lors que les métiers organisés,
et, en particulier, l'organisation professionnelle ouvrière, veilleraient au maintien du taux des justes salaires. Enfin, l'accroissement du nombre des travailleurs, s'il faisait baisser les salaires, ferait, du même
coup, baisser le prix de revient et, par suite, le coût
de la vie.

   3° « *Pourquoi il faut préserver la Pologne du bol-*

chevisme. » — Parce que « ce sont des capitaux
« français qui contrôlent les 49,2 % des puits de
« pétrole de la Galicie polonaise et qui contrôlent
« 52 % des usines de raffinerie de pétrole dans la
« même région. Comprenez-vous maintenant pour-
« quoi il était urgent d'envoyer Weygand et les
« tanks sauver la Pologne de l'armée rouge... et les
« pétroles galiciens de la socialisation ?... » — Toujours le même sophisme : nos soldats au service du
capital. Comme si l'expansion des capitaux français
n'était pas une cause de puissance et de richesse, de
force et de prospérité pour toute la nation et n'as-
surait pas leur pain aux ouvriers français ! Le fait
cité par *L'Humanité* constitue un admirable exemple
de la conjonction des intérêts nationaux et des intérêts privés, des besoins capitalistes et des besoins
ouvriers, de la force militaire et des exigences du
progrès. De cette harmonie, jaillit la civilisation. En
face d'elle, la barbarie.

L'Humanité du 21 septembre nous fournit un
assez bon spécimen de sa physionomie quotidienne,
de son langage habituel et de sa prédication courante.

Première page : « *La lutte contre le fascisme.* —
« En Belgique, les ouvriers et les paysans engagent
« la bataille. En Espagne, le Bloc ouvrier aura rai-
« son de la dictature militaire. »

Deuxième page : « *La grève des emballeurs s'étend*
« *aux fabriques de caisses.* »

Troisième page : « *Nouvelles internationales.* —
« En Bulgarie, les révolutionnaires occupent plu-

« sieurs villes. — Les travaillistes et la révolution
« allemande. — La bataille des classes en Allemagne :
« les ouvriers attendent avec sang-froid l'heure de
« l'action. La bataille ouvrière dans le pays de
« Bade. — En Tchéco-Slovaquie : la grève des mi-
« neurs. — En Espagne : des *somatens* dans tout le
« pays ; les ouvriers veulent le front unique. »

Quatrième page : « *Vie économique et sociale...* ;
« la bataille ouvrière. Effervescence dans les tram-
« ways de Saint-Etienne... » Etc.

Il s'en dégage pour le lecteur fidèle l'impression
que tout l'univers est à feu et à sang, que les ouvriers en armes montent à l'assaut de la société. Le
pacifisme de *L'Humanité* ne rêve que sanglantes ba-
tailles livrées par le prolétariat militarisé. On ima-
gine sans peine quelle sorte d'hallucinés doit fabriquer la lecture exclusive et assidue de ce journal.

La passion « pacifiste » de *L'Humanité* pour la
guerre universelle et sa haine pour l'expansion et
la prospérité française ont pour corollaire une ger-
manophilie exaspérée. Le 23 septembre, cette feuille
attaque les « séparatistes rhénans et bavarois unis
contre le peuple allemand. » Ce qu'il lui faut, c'est
l'unité allemande, l'hégémonie allemande, le triomphe allemand, la paix assurée par l'Empire universel
de l'Allemagne. A la question posée par le titre
même de son article éditorial (1) : « *Les commu-*
« *nistes allemands veulent-ils la guerre ?* », Jules
Humbert Droz répond : « La Révolution allemande
« comme la révolution russe, pour vivre, a besoin

(1) *L'Humanité,* 6 septembre 1923.

« de la paix. Devant la menace du militarisme fran-
« çais, une politique belliqueuse est une impossi-
« bilité ». (C'est reconnaître que, seul, le militarisme français fait échec à cette politique belliqueuse
de la Révolution.) Mais, comme « il est permis de
« penser » que « Poincaré pratiquera une politique
« de guerre..., il faut que la révolution allemande
« s'attende à être attaquée comme le fut la révolu-
« tion russe, il faut qu'elle envisage à l'avance les
« moyens de se défendre... Elle entrera immédia-
« tement dans l'Union des Républiques socialistes...
« De Vladivostock à la frontière polonaise, se lève-
« ront les défenseurs de l'Allemagne révolutionnaire.
« L'armée rouge est restée l'armée de la Révolution ;
« elle fera son devoir... »

Il n'est guère de jour que *L'Humanité* ne proclame que la Révolution c'est la paix. Mais parfois
elle développe ce mensonge avec une insistance excessive. Par exemple, dans son numéro du 2 octobre
1923 : « *La Russie veut la paix.* » Tout comme
l'Allemagne ! « *Face à la guerre, soutenons la Révolution* », proclame dans ses colonnes le « *Comité d'action contre la guerre, C. G. T. U., Parti Communiste, A. R. A. C.* » : « Sous prétexte de faire payer
« l'Allemagne, le gouvernement de Poincaré, au ser-
« vice des potentats de la grosse métallurgie, faisait,
« le 11 janvier dernier, envahir la Ruhr par l'armée
« française. La réalité, c'est que Poincaré préparait
« l'annexion de cette région industrielle au profit
« du comité des Forges. » (Le Comité d'action préfè-
rerait-il que ce fût au profit du Syndicat de l'Epi-

cerie ?) « ... A cette époque, le Comité d'action avait
« proclamé que l'occupation de la Ruhr aggraverait
« la misère des deux peuples et précipiterait les dan-
« gers de guerre. Neuf mois sont passés. L'Allema-
« gne capitaliste, à bout de souffle, vient de se sou-
« mettre aux exigences du Comité des Forges... Le
« prolétariat allemand vient d'être vendu par sa
« bourgeoisie au capitalisme français et à ses baïon-
« nettes. La colère gronde dans toute l'Allemagne,
« les ouvriers réclament du pain. En Saxe et en Thu-
« ringe, la révolution s'organise ; demain, elle ga-
« gnera l'Allemagne entière. Le prolétariat allemand
« veut la paix et du pain. Il ne peut avoir l'une et
« l'autre qu'en prélevant sur sa bourgeoisie de quoi
« désintéresser le gouvernement français, c'est-à-dire
« en faisant la révolution. Nous savons que le gou-
« vernement de Poincaré est prêt à l'étouffer dans le
« sang. Le laisserons-nous faire ?... Cela n'est pas
« possible. Le prolétariat français se dressera tout
« entier contre ses dirigeants au même instant où
« ces derniers tenteront d'intervenir dans le conflit
« intéressé de l'Allemagne contre les forces révolu-
« tionnaires. » Et le Comité conclut par une invi-
tation à assister « en masse » aux meetings qu'il
prépare. C'est la France qui veut la guerre ! Comme
en 1914 ! De la Russie rouge et de l'Allemagne ouvrière nous viendra, tout au contraire, la paix : « *Pour*
« *la paix* (1). — La Russie déclare en toutes occasions
« que, plus que jamais, elle a besoin de la paix

(1) *L'Humanité*, 6 septembre 1923.

« pour reconstituer la nation épuisée ». (Epuisée par
la Révolution : quel aveu !) « Elle multiplie les preu-
« ves de son esprit conciliant... Elle veut vivre. »
(Car sa Révolution la tue.) « La Russie proléta-
« rienne désire donc passionnément la tranquillité. »
(Elle avait cependant déclaré la guerre au reste du
monde qu'elle devait conquérir pour y établir le
soviétisme, condition indispensable de son bon fonctionnement en Russie.) « Il en sera de même de l'Alle-
« magne ouvrière triomphante. » Il ne reste qu'à
détruire l'impérialisme capitaliste français au profit
de la Révolution. Et ce sera la paix universelle. Le
mouvement perpétuel est trouvé.

La politique allemande que *L'Humanité* étale à
grand fracas, *L'Œuvre* l'insinue ; elle imprime en
manchette (1) : « *Puisse la France se venger un*
« *jour en aidant au triomphe d'une vraie unité alle-*
« *mande, fondée sur la liberté et la démocratie !* »
(Mazzini, 1872). Toujours la même prédication de la
même duperie ! S'il s'agit de combattre le seul programme de réformes (2) dont les sociétés modernes
puissent recevoir le salut. *L'Œuvre* n'insinue plus,
mais combat ouvertement : dans un grand article sur
Primo de Rivera, « *En Espagne, le dictateur cherche*
« *une constitution* » (3), Francis Delaisi charge à
fond l'ennemi : « ... Le brave général (Primo de
« Rivera) a toutes les chances : ce Bonaparte a trouvé

(1) 21 août 1923.
(2) **Voir la conclusion générale des** *Mineurs* **et d'***Ateliers et taudis*.
(3) 30 septembre 1923

« son Siéyès. C'est M. Pradera, chef du parti social-
« populaire. Homme nouveau, groupement récent,
« mais fort intéressant... M. Pradera propose une
« large décentralisation administrative, où l'Aragon,
« la Navarre, la Catalogne, etc... retrouveraient leur
« autonomie ancienne. Par là, l'ancien carliste re-
« joint les aspirations du régionalisme moderne. Le
« suffrage universel des citoyens se classant suivant
« les lignes des partis politiques sera supprimé...
« Il sera remplacé par une représentation profession-
« nelle répartie en cinq groupes ou corps, comme
« dans les Etats-Généraux ou Cortès d'autrefois.
« Deux Chambres figureraient auprès du pouvoir cen-
« tral : l'une comprenant les délégués des cinq corps,
« l'autre, les représentants des provinces autonomes,
« à la manière du Sénat américain. L'unité natio-
« nale serait représentée par le roi, qui nommerait
« lui-même ses ministres, sans qu'ils pussent être
« renversés par les Chambres. Le chef de l'Etat diri-
« gerait ainsi souverainement l'administration cen-
« trale, l'armée et la diplomatie, comme le président
« des Etats-Unis, avec cette différence qu'il ne serait
« élu ni par les citoyens ni par les Cortès et ne tien-
« drait son pouvoir que de lui-même... On recon-
« naît là, dans ses grandes lignes, le plan de Cons-
« titution que préconisent en France nos fascistes sous
« le nom d'Etats-Généraux... Cette formule aujour-
« d'hui fait sourire. On a peut-être tort... La démo-
« cratie française aurait tort de ne pas les prendre
« au sérieux. »

Le *Quotidien* réclame (1) la liberté complète pour le cinéma. « *La censure abêtit le cinéma* », déclare Marie Hollebecque. Cette dame estime que « le ciné-
« ma d'art perdit avec la liberté le plus appréciable
« de ses moyens. Lui qui avait tout le champ de la
« vie à explorer..., il se trouvait réduit aux petits
« drames pour consciences pâles et aux sentimenta-
« lités pour catéchismes de persévérance. Les pas-
« sions nues, les instincts brutaux, les gestes réa-
« listes et jusqu'à ces audaces splendides qui affir-
« ment un renouveau des mœurs et de la pensée,
« tout cela se trouvait soumis au bon vouloir des
« censeurs. » Il suffirait « d'interdire l'entrée des
« salles de cinéma aux enfants non accompagnés, ou,
« mieux, de créer des cinémas pour la jeunesse ».
Au nom de la liberté de l'art, « il faut laisser le
« cinéma libre de choisir ses thèmes et ses tech-
« niques... Il devrait exister des salles de cinéma
« pour le grand public populaire, pour l'élite et pour
« la jeunesse. Et l'art et les enfants, n'est-ce pas,
« y auraient à gagner ». C'est admettre que l'art n'a pas à se préoccuper de la morale et que, si l'en-
fant est corruptible, l'adulte ne l'est pas. D'ailleurs, l'enfant « accompagné » pourrait être initié à « l'art », et l'art cinématographique, d'après l'auteur de l'article, ne se comprend pas sans l'aliment des « pas-
sions nues », des « instincts brutaux », des « gestes réalistes et jusqu'à ces audaces splendides qui... » Décidément, Madame demande un satyre !

(1) 20 août 1923.

Par contre, les journaux populaires à grand tirage amusent leurs lecteurs avec des faits-divers au lieu de s'attacher à les instruire. Ainsi, le tremblement de terre qui a ravagé quelques villes japonaises est annoncé par *Le Petit Parisien*, en manchette, comme « *La plus grande catastrophe de l'histoire.* » Et la guerre de 1914-1919 ? Puis, *Le Petit Parisien* (1) annonce, en première colonne de la première page, qu'il ouvre une « souscription », « au secours du Japon ». Et nos finances ? Et le Japon n'est-il pas un des plus grands profiteurs de la guerre ? *Le Petit Parisien* et les autres journaux à grand tirage parlent de trois millions de morts ; le Japon, disent-ils, est ruiné par l'effet de ce cataclysme, réduit à l'impuissance et ràyé, en définitive, pour une période indéterminée, du nombre des nations qui comptent dans la politique internationale. On taisait l'enrichissement formidable du Japon au cours de la guerre et le chiffre de sa population, soixante-dix millions d'habitants. Au bout de trois jours, on était contraint d'avouer que les statistiques officielles japonaises de « la plus grande catastrophe de l'histoire » évaluaient à cent soixante-dix mille le nombre des personnes que le tremblement de terre avait fait périr. Les grands journaux d'information avaient nourri de balivernes l'esprit de millions de lecteurs français. Voilà comment ils font l'opinion ! Et au temps de la télégraphie sans fil !

Une seule fois, j'ai trouvé dans *Le Matin* (2) un

(1) 12 septembre 1923.
(2) 25 août 1923.

entrefilet fournissant quelques renseignements du plus
haut intérêt pour ses lecteurs ouvriers comme pour
tous les autres : « Au paradis bolchevik, les ouvriers
« gagnent un salaire de misère. Où paye-t-on le
« mieux les ouvriers, dans les pays capitalistes ou
« chez les communistes ? Le commissariat du travail
« de Moscou vient de publier son barême de salaires
« pour le mois d'Août. Dans les régions les mieux
« rétribuées (Moscou et Pétrograd), le salaire mini-
« mum mensuel doit être de 548 roubles, modèle
« 1923. Pour avoir l'équivalent exact de ces 548
« roubles, il faut calculer ainsi : d'après les données
« officielles, la quantité de marchandises usuelles
« qu'on pouvait acheter avant la guerre pour 10 rou-
« bles-or vaut actuellement à Moscou environ 1.950
« roubles, modèle 1923. Donc, un ouvrier reçoit
« comme équivalent de son travail d'un mois une
« quantité de marchandises, vivres et habillement,
« qu'on pouvait acheter avant la guerre pour 2 rou-
« bles 70 kopecks, environ 1 dollar 35 cents. Bien
« différente est la situation dans le pays capitaliste
« par excellence, aux Etats-Unis... Un maçon touche
« pour une journée de huit heures la valeur de 762
« œufs. Un peintre en bâtiments touche pour une
« journée de travail la contre-valeur de vingt-trois
« poulets, ou bien la récolte annuelle d'un demi-
« acre de terre ensemencée de maïs. Pour payer la
« journée d'un plombier, il faut nourrir, soigner et
« traire quatorze vaches pendant le même laps de
« temps. » Ces chiffres devraient être affichés rue
Grange-aux-Belles !

Un an plus tôt, au cours de l'été de 1922, les conférences étaient rares dans la grande salle des syndicats de la C. G. T. U. (1), rue Grange-aux-Belles, et, lorsqu'elles avaient lieu, quelques centaines d'ouvriers à peine y assistaient. Mais, au cours de l'été de 1923, des meetings se succèdent chaque semaine, réunissant, chaque fois, deux à trois mille auditeurs. L'approche des élections générales a stimulé le zèle des comités qui mobilisent tous les militants.

L'Humanité publie, de temps à autre, un avis en langue étrangère, convoquant les ouvriers étrangers à assister, rue Grange-aux-Belles, à une conférence faite en leur langue pour les organiser et les rattacher à la C. G. T. U. Ou bien ce journal insère l'annonce d'une grande réunion populaire. C'est ainsi que, le 25 août 1923, *L'Humanité* presse ses lecteurs d'assister, le soir même, à huit heures trente, à un meeting de commémoration de l'assassinat, l'année précédente, au Hâvre, de plusieurs grévistes. Moins de quatre cents personnes ont répondu à cet appel. Aussi la séance commence-t-elle avec trois quarts d'heure de retard ; et l'orateur, un ouvrier hâvrais, au langage clair, élégant et aisé, débute-t-il en exprimant l'espoir que le meeting du Hâvre groupe, à la même heure, un plus nombreux public. C'est le seul échec que j'aie constaté.

Deux jours auparavant, une foule se pressait dans la même salle, trop étroite pour la contenir. L'Union

(1) Confédération générale du Travail Unitaire, c'est-à-dire communiste.

des Syndicats de la Seine avait couvert les murs
des quartiers ouvriers d'affiches où se lisait un élo-
quent appel « *A la population parisienne, à ceux qui
souffrent* » : un médecin, le Docteur..., demeurant
rue..., a guéri, y affirmait-on, les gazés de la guerre
et les tuberculeux grâce aux procédés qu'il applique
dans son « *inhalatorium* » ; le gouvernement ne lui
a pas donné son concours et, d'ailleurs, n'a rien
tenté en faveur de ces malades. La Fédération des
Syndicats de la Seine a pris en main l'œuvre de ce
Docteur et elle adresse ce manifeste au public pour
qu'il « envoie des malades à *l'inhalatorium* et parti-
cipe à la lutte engagée. »

A l'heure dite, une grande animation règne autour
de la Maison des Syndicats ; dans l'impasse, l'affluence est considérable ; des camelots offrent au
public *Le Libertaire*, *L'Ouvrière* et des brochures révolutionnaires. A tout moment, surviennent de nouveaux arrivants qui se hâtent. Aux grilles, se tiennent des militants : ils dévisagent rapidement tous
ceux qui entrent. En face des portes de la salle, dans
une petite pièce, des chefs communistes sont réunis
et, d'un air important, l'un d'eux téléphone. Etalées
sur une petite table, dans la cour, des chansons sont
offertes en vente : *Hymne à l'anarchie*, *Ni Dieu ni
maître* ; ou bien des livres : *Le droit à l'amour pour
la femme* ; ou des brochures : *La Russie rouge*, par
Pierre Pascal, *Douze preuves de l'inexistence de
Dieu*, par Sébastien Faure. Je fais choix de trois
brochures. « C'est trente-cinq sous, fait le vendeur.

— Vous ne pouvez pas me les laisser à trente ? —

Allons ! prenez, mon bon ami. Je suis large pour ces choses-là. » Il me semble, quoiqu'il ait complètement blanchi, reconnaître le bonhomme : son profil très vieilli évoque en mon souvenir les traits d'Achille Le Roy, le poète de la rue Mouffetard, candidat, il y a un quart de siècle, à l'Académie Française, et qui, s'étant vêtu d'une tunique de général péruvien et coiffé d'un bicorne à plumes pour ses visites officielles, fut, au Quartier Latin, saisi par une cohorte joyeuse d'étudiants farceurs, hissé sur leurs épaulés et promené à travers la Sorbonne au milieu d'acclamations ironiques qui l'enivrèrent des joies d'une véritable apothéose. Et c'était bien lui, en effet ! « Oui », répondit à ma question un ouvrier à lunettes, à visage d'intellectuel déclassé, « c'est bien lui ! quatre-vingt-trois ans ! Il ne faut pas oublier qu'il était lieutenant de la Commune ! C'est lui, le poète ouvrier !... Combien pauvre !... Il déjeûne d'un bout de pain et d'une banane... Je lui ai payé, ce soir, un demi-setier. J'ai fait, à *La Muse Rouge*, une conférence à son profit. Il vit de la vente de ses brochures... » Pauvre Achille aux poésies mirlitonesques ! Lui, ce rêveur et mauvais rimailleur, et d'autres fous vivent dans les nuées de l'imagination près de cette salle et dans ce repaire où d'autres ne songent qu'à préparer la ruine du pays pour s'enrichir de ses dépouilles et gouverner dans le sang : déments ou bêtes féroces, qui ne souhaitent que renouveler en France l'effroyable drame russe !

La salle, à l'heure annoncée, est déjà pleine et il arrive toujours des auditeurs qui s'entassent dans les allées et sur le seuil des portes : tous ouvriers, en vêtements de travail, et quelques femmes, voire même un nègre prolétaire. De toute cette foule, une grande impression de force se dégage : de force animale.

Le président de la réunion gravit les marches du bureau et recommande à la foule d'écouter l'orateur dans le plus grand silence : « Nous sommes ici pour lutter contre la tuberculose ». Le Docteur apparaît à son tour, au milieu d'applaudissements, et commence son discours. Il ne s'agit que d'une querelle de médecins. Le héros de la séance est furieux contre la Faculté et l'Académie de médecine qui n'ont pas voulu de sa recette et il en fait une affaire d'Etat et même une nouvelle question ouvrière. Tout ce bon public de gobeurs, à qui l'on a fait avaler bien d'autres couleuvres, ravi de se croire initié aux grandes choses de la science, bée d'admiration et applaudit de confiance, dans un grand enthousiasme. On a fait appel à sa sentimentalité : il est accouru. On l'a fait juge d'une dispute entre gens de science : il est fier de son rôle et, comme il s'en fait accroire aisément, il prend souverainement parti. Mais les dessous de cette affaire de l'*inhalatorium*, montée par la C. G. T. U. pour se tailler aux dépens du public ignorant et généreux une réclame facile, étaient dévoilés peu après par *L'Atelier* (1), journal de la C. G. T. non unitaire, enchantée de la sottise de ses rivaux : trois articles pleins d'humour : « *Du culte des compé-*

(1) 29 septembre 1923.

tences et du choix des techniciens », « *Le trou à la
lune* », « *Trop de zèle* », dévoilaient les menus détails
de l'histoire « de l'*inhalatorium*, qui a troublé si
« fort les esprits, et surtout la caisse, des dissidents
« de la C. G. T. U.... Quand l'inventeur de l'entre-
« prise se décida à taper l'Union « unitaire », il
« fut mis en face du tovarich Brançon, lequel venait
« précisément d'obtenir une mise en disponibilité de
« la Société du Gaz, parce qu'il devait soigner son
« pauvre père, si malade, oh ! si malade ! Brançon
« sursauta d'enthousiasme. « Les gaz, fit-il à l'ai-
« grefin, mais ça me connaît ! J'en suis, moi, vous
« savez... Gaz, gaziers, gazés, c'est du pareil au
« même, hein ? » Il avait ouvert son tiroir et en
« extirpait cinq beaux billets de mille qu'il tendit
« gracieusement au thaumaturge de l'inhalatorium...
« Brançon fut toutefois un peu moins fier quand il
« lui fallut déclarer que, sans mandat, il avait sou-
« lagé sa caisse. Mais ses inquiétudes étaient vaines.
« Le comité de l'Union protesta : « Cinq mille ! Il
« n'a donné que cinq mille à ce savant méconnu dont
« *L'Humanité* célèbre les louanges ! » Haro sur Bran-
« çon ! « Camarades, réussit-il pourtant à dire, je
« n'ai pas pu engager la caisse davantage... — Zéro !
« hurla un dissident de la dissidence. Tu es un zéro !
« — C'est bien ce que je voulais dire, camarades,
« put poursuivre le gazier. Nous allons ajouter un
« zéro à cette petite somme. » Et, d'enthousiasme,
« fidèles de Moscou et partisans de Berlin décidèrent
« d'accorder un secours de cinquante mille francs
« à l'inventeur persécuté qui succombait sous le

« poids des dettes et était menacé de l'huissier...
« Ce n'est pas tout, fit alors Brançon qui avait repris
« son assurance. Il faut contrôler l'emploi de cette
« somme, hein ? Moi, je suis gazier. Le gaz, les gazés,
« ça me connaît, n'est-ce pas ? D'enthousiasme en-
« core, moscovites et berlinois décidèrent que Bran-
« çon serait le contrôleur technique de l'affaire. Parce
« qu'il faut des techniciens, n'est-ce pas ? Le malheur
« peut-être, c'est que Brançon n'ait pas eu longtemps
« à contrôler autre chose qu'un trou dans la lune,
« pour lequel lui et ses amis en sont à présent à sol-
« liciter un emplâtre de frison et de caviar ! Il les
« a eus et jusqu'au double colombier (1) inclusive-
« ment. Il — c'est le praticien de la médecine —
« incontestablement il sait « la » pratiquer — qui
« réussit en moins d'une année à mobiliser *l'Arac*
« et les mutilés pour aller enguirlander les pontifes
« de l'Académie de Médecine, à s'offrir une réclame
« abondante et gratuite dans *L'Humanité*, à faire
« organiser par les grands hommes de la dissidence
« un meeting copieusement annoncé et où il posa
« comme un bienfaiteur méconnu et persécuté. Passe
« pour la réclame ! Va pour les double-colombiers !
« Mais ce n'est pas tout ! Sans compter tous les frais
« afférents à cette réclame, les gens de la rue Grange-
« aux-Belles y sont, bel et bien, de cinquante mille
« francs. Aussi y a-t-il du grabuge rue Grange-aux-
« Belles. Beaucoup plus que du Congrès de Bourges,
« on y parle d'un inhalatorium qui devait, il n'y a

(1) Les affiches « double colombier » annonçant sa conférence.

« pas encore quinze jours, pratiquer des miracles et
« témoigner en faveur de la vertu scientifique du
« communisme. Las ! l'aventure a mal tourné ! Les
« miracles du toubib humanitaire et miraculeux res-
« semblaient à ceux des donneurs de bonneteau : il
« s'est borné à opérer une ponction prolongée dans
« la caisse. On avait parlé gaz ; malheureusement, il
« a fallu se convaincre, un peu tard, qu'il s'agissait
« simplement de fumée — celle de cinquante beaux
« billets de mille versés à l'inhalatorium et qu'il ne
« peut pas être question de récupérer... Et le tor-
« chon roussit de plus belle. Quand il n'y a plus de
« foin au ratelier, les chevaux se battent. Il y a du
« marasme, rue Grange-aux-Belles... »

Les conférences publiques ne s'en succèdent pas
moins toutes les semaines, à la Maison des Syndicats
unitaires. On y traite d'autres questions que celle de
l'*inhalatorium*. Mais les charlatans sont d'une autre
espèce, infiniment plus dangereuse, et l'auditoire
n'est pas moins dupé.

Un autre meeting est annoncé en faveur des grévistes de la Compagnie du Gaz : il suffit de la présence des grévistes pour en assurer le succès ; non seulement les douze à quinze cents places assises sont
occupées, mais les escaliers des galeries et les allées
sont pleines de monde ; le public reflue même dans la
cour et l'occupe en partie. Il peut y avoir là deux
mille cinq cents auditeurs. Des discours, assez ternes,
il ne convient de retenir que la menace d'étendre la
grève aux employés de toutes les administrations
d'Etat. La démonstration est ainsi faite que l'Etat

souffrirait de beaucoup moins de soucis s'il ne s'était
pas encombré d'un aussi grand nombre d'administrations. Il remplit d'autant plus mal son rôle qu'il s'applique davantage à en sortir. A se réduire à ses véri-
tables fonctions — l'intérieur et l'extérieur, la guerre,
la justice, les finances — il gagnerait en autorité et en
liberté, et les contribuables, allégés d'impôts, en sécurité et en prospérité. La question économique — salaires — des fonctionnaires, ouvriers, et employés
d'Etat, pose la question politique : s'il y a trop de
fonctionnaires ou autres salariés, c'est parce que le
régime purement électoral ne peut échapper à la loi
de l'accroissement continu du nombre des fonctions
dont se charge indûment l'Etat. La grève de la Compagnie du Gaz, autour de laquelle *L'Humanité*, les
comités révolutionnaires, la rue Grange-aux-Belles
avaient tenté de créer une grande agitation a échoué
piteusement : elle s'est terminée par la rentrée des
grévistes aux anciennes conditions et sans réintégra-
tion des révoqués.

A peine ce meeting s'est-il tenu qu'un autre lui
succède en faveur de Marty. Depuis quelques jours,
les murs des quartiers ouvriers de Paris sont couverts
d'affiches : « *Appel pour l'amnistie totale* ». La
réunion est annoncée pour le 8 septembre. A la sortie
des ateliers, des groupes se forment devant ces placards et les lisent, mais s'abstiennent de tout commentaire. A mon atelier, nul n'en souffle mot. La
population ouvrière parisienne reste jusqu'ici insensible aux appels et provocations que la C. G. T. U.
multiplie. Mais, chaque fois, tous les militants répon-

dent avec empressement à ces essais de mobilisation générale. Je me rends au meeting en suivant le boulevard de Belleville. C'est un samedi soir : il est huit heures. Les promeneurs — gens du quartier — sont nombreux. Des passants traversent la chaussée d'un pas rapide, remontant de Paris au sommet de la colline ; des bandes d'enfants jouent ; les bars brillent de tous leurs feux et accrochent quelques clients au passage ; de jeunes couples se hâtent et d'autres s'entretiennent à mi-voix sous les arbres ; des travailleurs libérés de l'atelier dînent à la fraîcheur du soir, sur la terrasse des petits restaurants ; un *arbi*, l'épaule couverte de tapis de pacotille, les sollicite sans succès et s'en va plus loin, entrant dans chaque bar qu'il rencontre ; des crieurs de journaux lancent leur appel : « Troisième édition, *La Presse !* » Un tramway passe en ronflant, des taxis roulent en cornant, un bicycliste agite son grelot, et, tout à coup, ces grands bruits cessant, on n'entend que le murmure des voix et le frottement des chaussures sur l'asphalte. La clarté qui monte du cœur de Paris met une tache claire sur le bleu foncé du ciel nocturne. Sur un banc, j'aperçois trois Juifs, quatre Juives et une demi-douzaine de marmots : ceux-là se multiplient ; s'ils font prêcher le malthusianisme aux Français dont ils convoitent ou prennent la place, ils se gardent bien de le pratiquer. Cent mètres plus loin, une jeune Juive et trois jeunes Juifs : comme les autres, ils parlent une langue étrangère, ces nouveaux venus, demain nouveaux Français, qui viennent repeupler notre pays. Quelques boutiques en-

core ouvertes, un très grand nombre de buvettes et
de bars mettent sur les deux côtés du boulevard des
bouquets et des cordons de lumière. Près de l'entrée
de la rue de Belleville, deux cinémas y ajoutent
l'aveuglant resplendissement de leurs enseignes électriques et les grands cafés étincellent de mille feux.
La foule devient aussitôt très dense ; la musique
des baraques et des manèges de cochons résonne :
c'est la fête de Belleville. Elle s'allonge sur les trottoirs et le terre-plein du boulevard de la Villette...

Mais voici la place du Combat, au débouché de la
rue Grange-aux-Belles. Une foule nombreuse remonte
cette rue et reflue à la fête, n'ayant pu trouver place
au meeting. L'impasse de la Maison des Syndicats
unitaires regorge de monde. On y crie *Le Libertaire*,
L'Ouvrière, *La Bataille syndicaliste*, *L'Avant-garde*.
A l'entrée de la cour, Achille Le Roy a étalé sur des
tréteaux des brochures et des chansons, qu'il éclaire
d'une bougie. La cour est pleine de manifestants. La
salle en déborde. Des grappes de jeunes gens sont
suspendues aux impostes des grandes portes. Dans
un entassement inouï, la foule s'écrase sur le seuil,
dans les allées, les escaliers du premier étage, les
escaliers de la tribune et du bureau. Il y a plus de
trois mille auditeurs : cohue vibrante d'enthousiasme
et bruyante, exaltée. « Jamais j'ai vu ça ! crie un
militant. Il en monte de partout, du monde ! A la
fête, ils vont être obligés de fermer ! — Tant mieux !
tant mieux ! » réplique une femme entre deux âges,
élégante bourgeoise dont la dextre s'arme d'une forte
canne, grosse comme un gourdin. La compression de

la foule, à l'intérieur, atteint son maximum. Les orateurs ont peine à se faire entendre de ce public où
l'entassement amène quelque désordre, des conversations particulières et des protestations. Quelques
enthousiastes croient devoir épancher leur cœur en
jetant des : « Vive le 17e ! » ou « Vive l'Allemagne
révolutionnaire ! » qui entretiennent le trouble en
provoquant des : « Silence ! » énergiques. Contraints
de forcer leur voix, les orateurs, pour prix de leur
peine, atteignent à des effets dépourvus d'esthétique :
bouches contorsionnées par l'effort, accents rauques
ou perçants, agitation du corps et des bras. La plupart se livrent à la mimique bizarre, mais classique
en ces milieux, des poings fermés rythmant le geste
du sonneur de cloches invisibles, dont le ridicule
s'accroît parfois, dans le feu de la lutte verbale, de
crises de boxe contre un ennemi imaginaire, et
s'achève en une gesticulation désordonnée et amu-
sante de pantin affolé. Ces éloquences de gymnastes
déréglés coulent à flots entre le profil méphistophé-
lique de Lucien Le Foyer, qui flanque, en cariatide
dépourvue de grâce, un coin de la tribune, et, à
l'autre angle, l'embonpoint fastueux d'un ouvrier
posé là comme une potiche, gilet flottant sur chemise
rose, bras nus jusqu'au coude, et qui semble un
Hercule en grève ou un bistro bienveillant montant
la garde près de son comptoir. Les gradins de la
tribune, la plate-forme du bureau présidentiel sont
envahis par une cohue d'amis et, derrière le cama-
rade-président, appuyée au mur, telle la déesse de
la Révolution en marche, une virago trentenaire

arrondit, entre une teignasse ébouriffée et un généreux corsage jaune serin du plus pittoresque effet, sa face large et plate de lune dans son plein. Près des portes et dans les allées, c'est toujours un entassement de harengs en caque. Quelques spectateurs veulent sortir et beaucoup veulent entrer : de là, un écrasement méthodique et progressif qui dispose mal les victimes à l'audition silencieuse et patiente de la phraséologie rouge. Dehors, dans la cour, on se presse dans l'axe des portes, ou sur le rebord des marches, sur un tas de sable, sur une voiture à bras. Des bribes de phrases y parviennent ; on entend : « ... Marty... Sadoul... le capitalisme... la Russie... la Ruhr... l'action directe... la Révolution... ouvrir les prisons... », toujours les mêmes formules banales et creuses qui, hurlées du haut du gueuloir, tombent dans l'abrutissoir sur le troupeau fanatisé. Ces violences vides ont su plaire à trois mille paires d'oreilles dont le nombre eût été plus que doublé si l'espace pour en contenir les propriétaires avait été assez grand. Le caractère politique, sentimental et populaire du meeting avait assuré son succès. L'établissement de la rue Grange-aux-Belles redouble d'activité et d'efforts pour préparer les élections de 1924. Rien ne montre mieux la puissance d'absorption dont la passivité de ce public « conscient » est capable que le fait suivant : à son retour de Russie, il y a deux ans, Cachin, dans une grande réunion publique, s'exclamait : « On dit que les Russes meurent de faim. C'est vrai ! On dit qu'ils sont sans souliers. C'est vrai ! On dit qu'ils travaillent plus de douze heures dans les usines. C'est vrai ! Mais tout cela c'est pour faire la Révolution !... » Le bon peuple en tressaillait de joie. Ainsi, les Russes ont souffert et souffrent tout cela *pour faire* la Révolution : elle n'est donc pas faite ? Quand sera-t-elle faite ? Ne s'agirait-il pas plutôt d'un perpétuel devenir, d'un indéfini en marche vers la plus folle et la plus meurtrière des utopies ? vers le néant ? et, pour tout dire, un incessant et un mortel mensonge ? Mais le pauvre auditoire de Cachin applaudissait de confiance, avec enthousiasme, ces piteuses cachinades !

... Quand je rentre du meeting, la fête de Belleville, sur le boulevard de la Villette, bat son plein : une foule dense se presse aux abords des baraques étincelantes. Au delà, tout le long du boulevard de Belleville, règne encore une animation silencieuse. Le boulevard de Ménilmontant, lui, est presque désert. Lorsque j'y parviens, deux ouvriers d'une cinquantaine d'années, vêtements sombres, casquettes à visières plates, visages rudes et mains noires, passent à côté de moi. « J'irai à la C. G. T. ! » dit l'un, d'un ton mécontent. « — A quoi ça rime ? » fait l'autre, d'un accent désapprobateur. « A quoi ça rime d'aller à la C. G. T. !... » s'exclame, étonné, son compagnon. Mais ils se sont déjà éloignés dans la nuit sans que j'aie pu saisir la suite de leur dialogue...

Le jeudi 27 septembre, un grand meeting se tient rue Grange-aux-Belles. D'amples affiches l'ont annoncé : « *La répression en Espagne* — Deux condamnations à mort et cinquante et une années de travaux forcés, demandées pour huit innocents. » Il s'agit de protester contre la mise en jugement des individus accusés d'avoir assassiné le président du Conseil, Dato.

A l'entrée de la petite cour de la Maison des Syndicats unitaires, l'inévitable Achille Le Roy se tient devant son étalage de chansons, éclairé par deux bougies. La salle n'est pas encombrée, mais pleine. J'y compte, tout au plus, deux mille auditeurs. Le lendemain, *L'Humanité* imprimera quatre mille. Des vendeurs du *Libertaire* et de *La Bataille syndicaliste* parcourent la salle. Un homme, d'une voix lente, bien articulée, à l'accent autoritaire, offre « le portrait de Pierre Brizon, le seul qui, pendant la guerre, est resté probe et honnête au milieu d'une Chambre de profiteurs ». Un intellectuel aux cheveux longs et grisonnants vend des poésies. Un jeune esthète au visage et aux manières d'androgyne parcourt, muet, les rangs des auditeurs, leur offrant, d'un geste précieux, *L'En dehors* et *L'Idée libre*. Une blonde, rose et grasse, glapit : « Demandez *La Vie ouvrière*, l'organe des femmes, camarades ! » Un jeune homme dépose entre nos mains *La Revue anarchiste* : « C'est gratuit, camarade ! » fait-il lorsqu'un geste de refus est esquissé ; et il poursuit sa distribution. Un homme d'âge mur, très myope, au profil sémite, vend *Le réveil de l'esclave*, numéro du mois d'août : « Ça paraît, me dit-il, quand on a un peu d'argent. Le prochain numéro sera publié en octobre. »

C'est un public ouvrier, en vêtements de travail, mêlé de vestons d'employés ou de bourgeois, d'Italiens, d'Espagnols et de jeunes profils sémites. Un homme monte sur l'estrade et propose trois noms pour le bureau : « Que ceux qui sont partisans de ce bureau manifestent en levant la main ! » Un groupe d'amis lève la main. Tout le reste de l'assemblée, indifférent, acquiesce en s'abstenant. Les trois hommes désignés s'assoient autour d'une petite table, trois ouvriers, un maigre et deux gros aux ventres imposants, aux fronts de brutes, aux mâchoires bestiales. Des orateurs, les uns sont ventrus, avec le même facies de primates ; un autre, maigre, avec une tête de Guignol. Presque tous parlent poings fermés, alternativement levés et baissés suivant leur mode grotesque. Le président du bureau quitte son veston pour se mettre à l'aise. Il apparaît en chemise kaki et bretelles. Les discours sont d'une banalité lamentable, d'une attristante pauvreté. Ces retardataires dénoncent l'alliance du sabre et du goupillon. Un homme d'action, enflammé de zèle, déclare tout net que c'est assez de discours et qu'enfin il faut passer aux actes : il propose de manifester dans la rue ! De maigres applaudissements accueillent ces propos. Le président a limité à un quart d'heure le temps maximum accordé à chacun des huit orateurs : l'éloquence passe à la guillotine. Mais cette éloquence est de telle qualité que le quart d'heure lui-même semble plutôt long. Pour corser l'intérêt de cette séance bien fade, le président annonce que toutes les lumières vont être éteintes afin de permettre à un camarade de prendre la parole sans se faire connaître des *bourres* (1) qui sont

(1) Bourriques, c'est-à-dire policiers.

dans la salle. Le Grand Soir se fait. C'est aussitôt le désordre qui commence : cris, rumeurs et discussions dans la salle. Ce chaos anarchique s'étant enfin quelque peu apaisé, on entend, venant de la tribune, une voix : « Z'arrivé d'Espagne et voici ce que z'ai vu... » Zézaiement andalou, très fort accent d'outre-Pyrénées, débit rapide et monotone en un français incorrect et confus : au bout de deux minutes, des briquets s'allument successivement en divers points de la salle, provoquant un grand tumulte : menaces, cris, rappels au silence, disputes, c'est le grand hourvari que finit par dominer le cri présidentiel : « Celui qui fait la lumière, f... lui le poing sur la g... ! » Le vacarme va croissant. Il faut se résigner à rallumer les lampes électriques. le camarade inconnu a vidé l'estrade et la séance se poursuit, d'une pitoyable médiocrité. Comme on se sent loin de la véritable masse ouvrière, honnête et laborieuse, au nom de qui parlent sans cesse ces vils exploiteurs de ses maux !

Le mardi 4 septembre, avait eu lieu, rue Grange-aux-Belles, une grande réunion publique à l'occasion de la neuvième semaine internationale des Jeunesses communistes.

La salle regorge de monde : pas un siège disponible, pas une place libre dans les allées ni dans les escaliers ; une partie des auditeurs est obligée de stationner dans la cour. Plus de la moitié de cette foule se compose de jeunes gens. On aperçoit quelques femmes et jeunes filles. Au dessus de la tribune, s'étalent les portraits de Lénine et de Jaurès.

Dans l'impasse, dans la cour, dans la salle, circulent de nombreux vendeurs de brochures, journaux et insignes révolutionnaires. « Allons, camarades ! achetez... ! » Ils agitent *L'avant-garde ouvrière et communiste*, vingt-cinq centimes, le *Premier recueil de la Muse plébéienne, Œuvres de Robert Guérard, Chansons rouges*, un franc ; *La crise socialiste et sa solution*, par Rappoport, soixante centimes. Le vieil Achille Le Roy est toujours là avec ses brochures et chansons de propagande, parmi lesquelles il offre à tout venant « *Le Christ au Vatican*, attribué à Victor Hugo. » Je lui demande le prix de cette poésie. « Un franc cinquante. — Oh ! c'est cher ! — Mais, mon ami, c'est un chef-d'œuvre... Enfin ! s'il n'y a pas moyen... Tenez ! je vous le laisse à un franc vingt-cinq. »

De la foule grise, serrée, tassée, monte une rumeur légère. La fumée des cigarettes alourdit l'atmosphère ; la lumière électrique versée à flots sur les têtes ne dissipe pas l'ombre dont les tribunes s'enveloppent et moins encore la nuit qui s'épaissit sous le haut plafond.

Brusquement, le plein silence se fait. Tous les visages se tendent vers la tribune. Le président, un jeune homme au front ombragé par une épaisse chevelure noire, donne lecture du discours du délégué chinois qui se plaint de l'invasion de son pays par « le capitalisme *étranger* et les impérialismes *internationaux*. » L'assemblée, sans savoir ce qu'elle fait, applaudit à tout rompre cette déclaration nationaliste et xénophobe.

Le « camarade » Cachin monte à la tribune au milieu d'applaudissements nourris et d'acclamations. D'une voix forte et ridiculement saccadée, il déclare : « Notre devoir est de multiplier les rencontres entre ouvriers français et ouvriers allemands. Il faut que les travailleurs français aillent en Allemagne... Il est indispensable que ces réunions internationales se multiplient... Entre les deux prolétariats, il doit y avoir indissoluble union... L'impérialisme français a commis un crime, le 11 janvier 1923, en envahissant la Ruhr... Le prolétariat allemand va se soulever demain : les ouvriers allemands ne sont pas des ennemis, mais des frères ; il faut le dire aux jeunes gens que la conscription va envoyer sur le Rhin !... » La salle fait à Cachin une ovation.

Un délégué belge lui succède : discours interminable, incohérent et ennuyeux, débité d'une voix hachée, à la Cachin, accompagné du geste perpétuel du sonneur de cloches.

A peine a-t-il disparu que, d'une allure souple et vive de félin, un jeune Russe bondit à la tribune. Un déchaînement d'enthousiasme le salue. Toute la salle est debout, les têtes se découvrent, le chant de l'Internationale est entonné. Le silence rétabli, le Russe débite, dix minutes durant, avec une grande rapidité et sur un ton monotone, un discours en russe que l'auditoire écoute béatement et applaudit de confiance, en criant : « Vive Lénine ! » Un hideux Juif hirsute s'est glissé à la suite du Russe et, appuyé sur un coin de la tribune, note le discours pour nous le traduire. Son mufle de bouledogue, son nez tronqué chargé de verres de myope, rappelle celui des Reinach. Voûté, marchand de biais comme un crabe à lunettes, il traduit le discours du Russe, d'une voix nasillarde et saccadée, âpre, ardente, impérieuse. Son français est douteux, son accent manifestement étranger. Hyène chevelue, aux sons rauques, au débit haletant, de quel trou de ghetto sort-il ? Du fond de l'Allemagne ? de Pologne ? de Russie ?... Lorsque Rappoport a terminé, plus de deux mille voix entonnent : « Du passé faisons table rase ! Esclaves, debout ! C'est la lutte finale !... » Ce Juif travaille efficacement à venger sa race sur la nôtre.

Le délégué allemand le remplace à la tribune, salué par des applaudissements frénétiques, par une ovation délirante. Et, de nouveau, l'Internationale retentit. Le Boche se dresse dans une attitude victorieuse. On crie : « Vive l'Allemagne communiste ! » Naturellement, ce Boche parle le français le plus pur, sans le moindre accent ; il ne vient pas parmi nous pour la première fois : « Le parti communiste allemand et le parti communistre français, déclare-t-il, ne sont pas deux partis, mais les deux éléments d'un seul et même parti. » On applaudit. Le Boche commence à prendre sa revanche dans Paris même, au cœur du Paris ouvrier.

En somme, excellente séance pour l'Allemagne et contre la France. La jeunesse dupée qui se presse à cette réunion scandaleuse est loin de se douter de l'abîme où tentent de la jeter des chefs dont la vénalité n'a d'égale que la soif de jouissances et qui trahissent tous ceux qu'ils paraissent servir en attendant de se gerger sur les ruines de notre pays et de la civilisation (1).

Trois jours après ce meeting, les « Jeunes communistes » donnent une conférence publique à Ménilmontant, rue Boyer, au siège de *La Bellevilloise*, leur coopérative, propriétaire, rue Boyer, d'un dispensaire ; rue de Ménilmontant, d'une pharmacie, d'un magasin de nouveautés, d'un bar-brasserie, d'un cinéma ; rue de Belleville, d'une boutique de fruiterie ; rue des Pyrénées, à Belleville, d'un magasin de vins, volailles, légumes, œufs et beurre. Cette puissante « Société coopérative ouvrière de consommation », qui est aux mains des libertaires, possède, comme siège social, rue Boyer, une belle et vaste construction neuve où s'abritent une boucherie-charcuterie, une pâtisserie-épicerie-boulangerie, un patronage, un café, un cercle, une bibliothèque et une vaste salle de conférences. C'est là que doit avoir lieu, le vendredi 7 septembre, à huit heures trente du soir, à l'occasion de la « Semaine internationale des Jeunes communistes », la conférence qu'annoncent de grandes et belles affiches, apposées en grand nombre.

(1) Les chefs révolutionnaires reçoivent des subsides patronaux pour fomenter des grèves de complaisance ou pour livrer les procès-verbaux des délibérations secrètes de leurs comités. Ces collusions sont incessantes, tout comme entre l'ancienne Ochrana russe et le gouvernement tsariste. Mais elles ne suffisent pas à apaiser leur appétit : ils rêvent de jouer le rôle d'un Lénine ou d'un Bela Kuhn, c'est-à-dire de *liquider* la France pour réaliser, sur la ruine de tout un peuple, les bénéfices monstrueux qu'en pourraient tirer les « liquidateurs ». Il y a seulement lieu d'espérer qu'instruits par l'expérience des autres peuples, les Français sauront défendre leur patrimoine et leur peau contre une poignée de canailles.

A l'entrée de la salle, l'inévitable Achille s'installe avec ses chansons. Les « Jeunes communistes » étalent sur une autre table une quantité de brochures communistes, dont plusieurs de Trotsky, celle-ci par exemple : *Contre le militarisme bourgeois, contre le pacifisme, pour l'armement du prolétariat.* Enfin, sur une troisième table, un homme de tenue semi-bourgeoise, aux allures de bohême, à la tête de vieil étudiant, offre, avec les portraits, en cartes postales, de Lénine, Liebknecht et autres révolutionnaires, des brochures et livres tels que : *L'éducation sexuelle,* (6 fr. 50) ; *La procréation volontaire au point de vue individualiste,* (0 fr. 20). Il tient de petits discours anarchistes aux jeunes camarades qui l'entourent ; il proclame « le droit à l'avortement ». Un « jeune communiste » lui répond : « Dans la société bourgeoise, soit ! Mais dans le communisme, il n'y a pas lieu de se préoccuper de l'avortement, puisque l'Etat se charge des enfants. » O candeur ! O vieux fonds d'honnêteté que n'a pas encore détruit la perversité ambiante ! « Jeune » honnête qui ne se doute pas que la morale libertaire du plaisir *exigera,* en société communiste, l'avortement et qu'aussi bien on y sera conduit par la misère générale. N'est-ce pas ce qui se passe actuellement dans la Russie esclave ? Le vendeur répond au « Jeune » : « Nous n'avons à nous préoccuper que de lutter contre la société bourgeoise. Elle s'empare de nous, du berceau à la tombe : par l'avortement, refusons-lui des hommes ! »

La salle, vaste et belle, compte environ six cents

places. A neuf heures trente, nous sommes à peine une centaine d'auditeurs, dont une vingtaine de femmes, autant d'hommes, et le reste, des « Jeunes ». Ils se décident enfin à constituer le bureau : trois jeunes gens montent sur l'estrade, le président avec une cigarette négligemment posée au coin des lèvres, et les deux assesseurs souriant de plaisir et de surprise pour cet honneur. L'orateur, un jeune homme d'une vingtaine d'années, vêtu comme un employé, débite, d'une belle voix grave, des phrases correctes et aisées, parfaitement vides d'ailleurs de toute idée : « ... La Jeunesse communiste était nécessaire... Parce qu'elle était nécessaire, elle s'est constituée... » Les poings serrés montent et descendent, suivant les rites. Et les phrases continuent de défiler, monotones comme la pluie d'un soir d'hiver. Pas une idée ! Mais rien n'est dangereux comme le fanatisme dans le vide : son exaltation ne connaît plus de bornes. Rien de facile aussi comme de dégonfler ces baudruches : il y suffit d'une piqûre d'épingle au bon endroit et de quelque énergie.

Ces malfaisants rêveurs, dont le triomphe ferait sombrer notre société dans le sang, s'acharnent à propager leur utopie. Le dimanche suivant, ils donnent, au café du siège social, une séance révolutionnaire récréative. Une affiche apposée à la porte l'avait annoncée en ces termes : « A vingt heures trente, grande goguette, avec le concours de bigophonistes de la Muse, quinze chanteurs et musiciens. Entrée gratuite. »

La séance ne commence qu'à neuf heures quinze.

A ce moment-là, environ quatre-vingts personnes sont réunies autour des tables du café : jeunes gens, jeunes filles, familles avec leurs enfants. Un des « Jeunes communistes » ouvre la « grande goguette » en entonnant l'Internationale dont l'assistance reprend en chœur le refrain. A l'entrée de l'escalier qui conduit à la salle Babœuf, un vieil homme à lunettes et barbe grise, affublé d'une chemise rouge sang, bat la mesure du poing fermé suivant l'usage et en tirant sur une corde imaginaire ; il hurle les paroles, bouche tordue, face congesfionnée, artères frontales dilatées et durcies par l'effort. Puis, une femme d'âge mûr, bouche édentée, chante, d'une belle voix de mezzo-soprano et avec beaucoup de sentiment, une jolie romance magnifiant en termes délicats l'amour. Elle la fait suivre d'un chant révolutionnaire dont le refrain « Rends le fer au travailleur, la terre au laboureur », pose et prétend résoudre le grand problème de la propriété ouvrière. Mais le laboureur la possède, la terre ! et ce n'est pas la Révolution communiste qui la lui a donnée, pas plus qu'elle ne donnera jamais le fer au travailleur : par la nationalisation de la propriété industrielle, elle lui ravira, au contraire, tout espoir d'y avoir accès et fera du salarié l'esclave dont la Russie soviétisée nous donne le hideux spectacle. Un homme se lève à son tour et entonne « La grève des mères » : puisqu'on fait de vos enfants de la chair à mitraille, « mettez un terme à la fécondité ! » Et toute l'assistance reprend en chœur, d'un accent passionné, le refrain criminel, sans en surprendre la contradiction

avec un autre vers : « Celui-là qui sème la mort est
un bandit. » Prêcher la stérilité, c'est cependant
semer la mort, et la mort de toute la race. Une jeune
fille récite ensuite un monologue, puis des jeunes
gens lui succèdent. Des bans saluent chanteurs et
diseurs... Bref, une soirée familiale, toute imprégnée
du venin de l'esprit de destruction.

De toutes les propagandes révolutionnaires, c'est
la propagande anarchiste qui est la plus active et
qui, même rue Grange-aux-Belles, s'exerce avec le
plus d'intensité. *L'avant-garde ouvrière et communiste* (1), vendue aux meetings unitaires, crie :
« Adhérez aux Jeunesses communistes ! » pour « une
« lutte à mort... contre le capitalisme et ses insti-
« tutions. La Jeunesse communiste synthétise juste-
« ment cette lutte multiple sur un terrain écono-
« mique, politique, antimilitariste, éducatif... Nous
« attaquer à l'armée bourgeoise jusqu'à sa destruc-
« tion, défendre les intérêts des soldats jusque dans
« le fond des casernes, des colonies ou de la Ruhr,
« sont nos tâches. Le militarisme bourgeois, instru-
« ment d'oppression du prolétariat, doit disparaître
« et il disparaîtra sous l'action vigoureuse du pro-
« létariat, en particulier de la Jeunesse commu-
« niste », (pour être remplacé par le militarisme
communiste !) « La Jeunesse ouvrière française doit
« se préparer à réagir vigoureusement contre l'oc-
« cupation de la Ruhr, pour la fraternisation des

(1) « Organe officiel de la Fédération nationale des jeunesses
communistes, Section française de l'Internationale communiste
des Jeunes », numéro spécial de septembre 1923.

« soldats français et des ouvriers allemands, pour
« l'évacuation des territoires occupés du Rhin, contre
« la guerre spoliatrice du Maroc, contre la mobili-
« sation de la classe 24 ; pas un homme de plus
« pour soutenir la France impérialiste. Tous doivent
« travailler à renforcer notre jeune organisation,
« dressée face à l'impérialisme français, par un re-
« crutement intensif. La neuvième semaine interna-
« tionale en France doit marquer l'ouverture d'une
« ère de combat contre le régime de Poincaré et de
« recrutement intensif. » Contre les syndicalistes, la
feuille libertaire préconise le « noyautage » de l'usine
et de l'armée : « Les jeunes communistes ont une
« tactique qui peut, si elle est menée à bout, avoir
« les conséquences les meilleures pour le prolétariat.
« C'est même la seule. Noyauter l'armée, la miner
« de plus en plus par la propagande, la pénétrer
« des mots d'ordre du prolétariat révolutionnaire et
« l'amener à ses côtés, n'est-ce pas une tactique
« véritablement révolutionnaire que chaque prolé-
« taire conscient doit soutenir et renforcer dans son
« propre avantage même ? Les jeunes syndicalistes,
« où siègent des réformistes de la Société des Na-
« tions, à côté de quelques anarchistes, n'ont pas
« assez de sens révolutionnaire pour comprendre
« cela. »

Le Libertaire, hebdomadaire anarchiste (1), bat le
rappel des fonds pour sa transformation, qui sera
réalisée deux mois plus tard, en quotidien : « Vite,

(1) 28 septembre-5 octobre 1923.

« vite, ayons notre quotidien !... Si les anarchistes,
« si les révolutionnaires veulent avoir leur journal
« quotidien, c'est d'eux et d'eux seuls qu'il dépend
« que ce désir se réalise... Il faut, *sans perdre un
« jour,* qu'ils nous envoient leurs souscriptions...
« Qu'ils se hâtent ! Le procès de Germaine Berton est
« fixé en novembre... un immense effort s'accomplit
« présentement en faveur de l'amnistie intégrale, les
« élections générales législatives se préparent... de
« graves événements menacent... Un quotidien liber-
« taire ne peut se confiner à prêcher des convertis :
« c'est l'homme dans la rue, l'hésitant, qu'il faut
« atteindre, persuader, conquérir. »

Le soviétisme russe est critiqué comme trop modéré
et comme contraire à l'idée anarchiste : « En Russie,
« le gouvernement bolchevique en vient petit à petit
« à l'escamotage total du communisme soviétique. Le
« capitalisme se réinstalle dans ce pays qui aurait
« dû être, après octobre 1917, le grand facteur d'op-
« position au Capital — sans l'usurpation des bol-
« chevicks. (1) » La *Revue anarchiste* (2), parlant du
récent voyage « en dictature rouge », en Russie, du
« camarade Chazoff », dit que « ce qu'il a vu ne
« l'a guère enthousiasmé » et cite, après quelques-
unes de ses impressions, sa conclusion : « Il faut bien,
« tout de même, en finir un jour avec cette illusion
« de prétendre le gouvernement des soviets un gou-
« vernement prolétarien et de nous donner la Russie

(1) *Le Libertaire,* 28 septembre-5 octobre 1923.
(2) 20 mars-20 avril 1923.

« en exemple ! Il ne faut pas détourner le prolétariat
« de son but et... le faire servir une cause qui n'est
« pas la sienne. On nous reproche de critiquer le
« gouvernement russe. Que d'autres ne le défendent
« pas au nom de la révolution et nous le laisserons
« pour ce qu'il est : un gouvernement au service de
« la bourgeoisie. » Et la *Revue anarchiste* insère un
article à la louange de « Gulaï-Polé », petite ville
de Crimée où des « paysans anarchistes voulaient
« organiser la commune libre et, avec tant de cou-
« rage, combattirent durant quatre années contre
« l'Etat surgi des cendres de la Révolution russe ».

Le « Fais ce que veux » ne fournit pas seulement
une constitution à la Cité, mais une règle morale aux
consciences. Dans la brochure *La procréation volontaire au point de vue individualiste*, nous lisons :
« Les individualistes cherchant à acquérir le maxi-
« mum d'indépendance dans la société actuelle en lui
« faisant le minimum de concessions, il est compré-
« hensible qu'ils aient recours aux moyens préventifs
« de la fécondation naturelle, lesquels leur permet-
« tent, sans renoncer à des jouissances légitimes,
« d'accepter ou de rejeter les conséquences de ces
« jouissances... Les individualistes opposent au déter-
« minisme aveugle et irraisonné de la nature leur
« déterminisme individuel, fait de volonté et de ré-
« flexion. » (1) « C'est dans la mesure où elle reste
« maîtresse de procréer que la femme peut disposer
« de sa personne. Tant qu'elle doit subir la mater-

(1) Page 9.

« nité, elle demeure esclave. En premier lieu, esclave
« de son compagnon, dont elle dépend sous le rapport
« économique et duquel elle ne pourra plus se sé-
« parer sous peine de mourir de faim ou presque.
« En second lieu, esclave de sa progéniture non
« désirée (1). La thèse de la *sélection consciente,*
« c'est la nôtre... Etres raisonnables, nous sélection-
« nons entre nos besoins, nos aspirations, nos fonc-
« tions, ceux de nature à nous rendre les moins dé-
« pendants qu'il soit possible des conditions écono-
« miques et des préjugés du milieu. Les procédés
« préventifs permettent à nos compagnes d'être mères
« à leur gré. C'est un moyen de résistance de plus
« contre l'oppression et le déterminisme des cir-
« constances extérieures. » (2) Toutes les lois divines
et humaines se résument dans les décrets de la volonté individuelle, divinisée. L'éducation morale de
l'individu est confiée aux suggestions de toute une
littérature érotique, que *Le Libertaire* énumère complaisamment : « Librairie sociale, catalogue des ouvrages d'éducation sexuelle » (3) ; sur une liste d'une
quinzaine d'ouvrages spéciaux. Ou bien : *Amour libre
et liberté sexuelle, variations sur la volupté* (4), par
l'auteur de la brochure dont nous avons donné quelques extraits. La *Revue anarchiste* (5) nous fournit,

(1) **Page** 10.
(2) **Page** 16.
(3) *Le Libertaire,* 7-14 septembre 1923.
(4) *Le Libertaire,* 28 septembre, 5 octobre 1923.
(5) **20 mars, 20 avril** 1923.

dans la poésie *La chanson des filles*, l'expression la plus haute de cet idéal bestial :

« De l'amour flotte. Il est minuit. Ohé ! la fille !

. . . .

. . . .

. . . .

Va ! trime, la fille,
Et sois gentille !
Tes vices, tu les nourriras
Avec l'effluve de tes bras.

. . . .

. . . .

. . . . »

§ 2 — Les forces libératrices : Les syndiqués chrétiens.

Organiser la profession et imprégner la vie professionnelle, comme leur vie tout entière, de l'esprit chrétien, telle est la double idée qui a inspiré l'effort reconstructeur des employés et ouvriers catholiques.

Groupés autour du métier, au nombre de 125.000 (1), pour la défense de leurs intérêts et l'amélioration de leur sort, ils n'admettent pas qu'une grève puisse être décidée pour des motifs extra-professionnels.

Lors de l'agitation subversive fomentée en 1920

(1) La C. F. T. C. (Confédération française des travailleurs chrétiens) comprend 7 Fédérations nationales de métier, 23 Unions locales ou régionales et 753 groupements qui s'étendent sur 78 départements. L'effectif total est de 125.000 membres.

par la Confédération générale du Travail, les syndicats chrétiens contribuèrent notablement au maintien de l'ordre et à la continuation du travail. Pour caractériser leur attitude, en la circonstance, il suffira de citer cet appel du « Syndicat de la Métallurgie et parties similaires », appel intitulé « Casse-cou... », qui fut placardé — et très lu — sur les murs de Paris et de la banlieue :

« Une fois de plus, le mouvement syndical fran-
« çais est exposé à subir, par la volonté d'une mino-
« rité factieuse, la plus cynique déviation, la plus
« périlleuse déconvenue, la plus dangereuse défor-
« mation.

« Les masques tombent ; on dédaigne les prétextes
« corporatifs ou les apparences revendicatives. La
« preuve est faite : le syndicalisme de la C. G. T.
« s'identifie avec le chambardement révolutionnaire.

« La grève générale, susceptible de paralyser l'in-
« dustrie et le commerce en voie de reconstitution,
« n'est qu'une audacieuse manœuvre au profit de la
« scabreuse hypothèse collectiviste.

« Nous ne partagerons pas la responsabilité de cette
« aventure ; métallurgistes de la région parisienne,
« instruits par de coûteux précédents, nous resterons
« au travail.

« Résolument syndicalistes, nous croyons que l'as-
« sociation professionnelle doit se limiter à un ter-
« rain, assez beau et assez vaste en lui-même : dé-
« fendre la dignité et les droits du prolétariat, amé-
« liorer son sort, étendre sa capacité par des moyens
« énergiques, mais pacifiques.

« Fiers d'être Français, nous voulons travailler à
« consolider, par un redoublement d'activité écono-
« mique, les résultats de la victoire si chèrement ac-
« quise ; nous sommes persuadés de servir ainsi la
« cause du peuple et celle de l'humanité.

« Fermement attachés à la morale chrétienne, nous
« résisterons à la tyrannie déprimante et stérilisante
« du syndicalisme rouge, socialiste quant au but, ré-
« volutionnaire quant aux moyens ; nous continue-
« rons à lui opposer la constante actualité, la vertu
« organisatrice, l'efficacité progressive de nos doctri-
« nes sociales. »

Fidèles à cette ligne de conduite, les ouvriers chrétiens syndiqués de Paris ont repoussé, au début de
1924, les propositions d'union, que les syndicats socialistes leur faisaient pour préparer le déclanchement
de grèves à la veille des élections générales.

L'activité de ces groupements d'ouvriers catholiques ne se limite pas au placement des syndiqués
et à la gestion de services coopératifs comme le restaurant parisien du Syndicat des employés, qui fournit, pour deux francs cinquante (sans vin), un excellent repas composé de hors-d'œuvre ou potage,
viande ou poisson, légume, fromage ou dessert, et
dont le prix ne serait pas moindre de trois francs
ou trois francs cinquante dans un restaurant ordinaire ; mais cette activité s'étend à la publication
de journaux professionnels destinés, soit aux employés
de commerce et de bureau, soit aux ouvriers d'usine ;
elle s'efforce de développer la culture professionnelle,
intellectuelle et morale des syndiqués ; elle vise même

à multiplier les entreprises coopératives de production.

Les syndicats chrétiens en ont fondé plusieurs qui sont florissantes, en particulier la Verrerie de Fougères (Ille-et-Vilaine) : tentative excellente qui ne saurait être trop louée et encouragée, qui demande, pour réussir, ce que précisément les syndicats chrétiens, par leur haute valeur professionnelle, intellectuelle et morale, peuvent fournir, des ouvriers d'élite et des gérants capables ; une coopérative de production échouera toujours si elle ne groupe des travailleurs consciencieux autour d'un homme intelligent, compétent et honnête qui, seul, commande, assure l'unité de direction, de conception et d'exécution, investi d'une autorité libre de ses mouvements, responsable de ses initiatives, bref, un chef.

La « Maison syndicale » de la rue Cadet, à Paris, ne contient pas seulement les bureaux de certaines organisations centrales : Confédération, plusieurs fédérations de métier, etc. ; elle renferme encore le siège social de nombreux syndicats de la région parisienne : employés, cheminots, ouvriers de divers professions. C'est là que, pendant l'après-midi du samedi, ou bien dans les réunions amicales, les syndiqués échangent leurs idées, leurs espérances, et nouent des liens de bonne et solide camaraderie. La simplicité de leurs manières, la cordialité de leurs rapports, l'esprit positif qu'ils apportent dans leurs délibérations contrastent singulièrement avec les rêveries et les violences auxquelles les socialistes se complaisent. Voici une réunion des chefs de section d'un des syndicats ouvriers : vers huit heures et demie du soir, autour d'une table ont pris place une quinzaine d'hommes jeunes, vêtus avec une simplicité correcte, aux manières aisées et sobres, aux visages attentifs. Le secrétaire les met brièvement au courant des questions à traiter : il s'exprime facilement, avec clarté, dans une langue très pure ; sa pensée, précise, va droit au but. On lui répond de même, sans faire de phrases. Chacun rend compte de l'état de la section qui lui est confiée. S'il s'y trouve aux prises avec quelques difficultés, il en réfère à ses collègues, demande conseil et aide ; que, sur son territoire, un camarade ait besoin de recevoir assistance, il propose au syndicat d'intervenir en sa faveur. Le secrétaire invite chacun à redoubler d'efforts pour la propagande, à activer le recrutement des associés.

La pratique de la semaine anglaise facilite aux ouvriers la recherche du travail ou le règlement de leurs petites affaires : les syndiqués qui ont besoin d'une place ou d'un conseil viennent alors trouver leur secrétaire. Lui, il les connait tous : il réconforte l'un, il donne à l'autre un avis utile, à celui-ci une adresse, à celui-là une recommandation : il morigène un jeune, il console un père de famille ; si, de suite, il ne peut tenir, du moins il promet, et ce n'est point parole vaine. Simple et cordial, l'esprit vif, la décision prompte, il va droit à la solution possible, à la meilleure, et chacun apprécie sa compétence et son dévouement. Là, les camarades se rencontrent, se retrouvent, échangent entre eux quelques propos. Je prends part à leurs conversations.

Ils se montrent généralement animés d'un semblable désir d'améliorer leur condition, de garantir la sécurité du foyer, de développer la vie de famille, d'assurer l'éducation des enfants, de faire respecter leurs convictions religieuses, d'accroître leur valeur professionnelle et de fortifier le groupement de métier. Mais on retrouve aussi dans leurs paroles l'écho des impressions un peu confuses, des idées improvisées et suggérées qui, venues d'un peu partout, se propagent dans les faubourgs et imprègnent tous ceux qui y sont plongés, de sorte que, dans le remous de leurs sentiments, les aspirations généreuses, les claires et saines idées se mêlent aux gémissements de l'âme populaire, meurtrie et douloureuse.

Un syndiqué me dit (1) : « Je travaille à Saint-Ouen dans une usine qui occupe quinze cents ouvriers. Les têtes sont très montées. Les anciens combattants n'ont que des idées de révolte. La Révolution couve. »

Devant un métallurgiste, je raconte que la sœur du tsar Alexandre III, dépourvue de toute ressource, venait de se résigner, pour gagner sa vie, à chanter dans un music-hall de Londres : « Ah ! s'écrie avec colère cet ouvrier, ne plaignez donc pas ces gens-là ! Moi, j'avais quitté l'atelier pour monter une petite boutique ; la mobilisation m'a obligé

---

(1) Il importe de remarquer que les propos cités dans les pages qui suivent ont été recueillis exclusivement parmi les ouvriers du Syndicat parisien de la métallurgie.

à tout abandonner ; la guerre a ruiné mon petit commerce ; et j'ai dû retourner à l'atelier ! — Mais, repliquè-je, la sœur d'Alexandre III n'est pas retournée aux planches : elle n'en venait pas. Et puis, tout de même, on souffre d'autant plus que la chute est plus profonde. — Mais non ! ces gens-là sont comme les autres ! — Vous croyez ? des Russes qui étaient ingénieurs, officiers, professeurs d'Université, travaillent comme manœuvres dans nos usines... — Eh bien ! ils font comme moi qui suis retourné à l'usine ! » Son malheur devient la mesure du malheur de tous les autres.

Un ajusteur qui travaille dans une maison de mécanique de précision, dans un quartier du nord de Paris, me dit que, « sur deux cents ouvriers, soixante sont communistes ; une vingtaine, catholiques ; les autres, indifférents en matière religieuse et sociale, n'ont de goût que pour la débauche ou les sports. Quelques-uns des communistes lisent *L'Humanité* ou *Le Quotidien*, mais, la plupart, *L'Œuvre*. Un jour, des communistes, s'adressant à moi et à d'autres syndiqués chrétiens, nous disent : Hein ! vous l'avez eue, votre guerre (1914-1918) : et le résultat, c'est que les prix ont décuplé ! »

Mais quel serait donc le résultat de la Révolution ? Ces communistes ne voient pas la Russie telle qu'elle est ! Et le résultat du socialisme ? Ils ne voient pas l'Allemagne ! Ils ne voient rien. Effroyable est leur aveuglement.

Au cours d'une conversation sur les salaires, un syndiqué chrétien déclare : « Avec la journée de dix heures, nous ne sommes plus que des bêtes de somme ! » Un autre : « Les salaires actuels, étant donné le prix de la vie, ne suffisent plus. » Un troisième remarque : « Avant la guerre, nous étions sept — ma femme, cinq enfants et moi — à vivre sur mon salaire de neuf francs. Nous étions plus heureux qu'aujourd'hui où nous sommes seulement six et où je gagne trente-six francs. »

Un autre camarade incrimine avec raison, parmi les causes de la vie chère, l'âpreté au gain des intermédiaires : « Le malheur, c'est qu'ils veulent faire fortune en trois ans pour acheter une auto et courir les routes. Autrefois, ils travaillaient vingt et trente ans. Mais, aujourd'hui, une boutique, une boulangerie, achetée trente mille francs, se vend, trois ans plus tard, soixante mille francs et, après deux ans encore, cent mille francs. Alors ! la voilà, la cause de la vie chère ! l'argent, ils veul nt l'argent, tout de suite, et jouir !... »

Ces préoccupations légitimes se retrouvent, à chaque instant, sur les lèvres des syndiqués, surtout des militants. Elles ont notamment inspiré, à la *Semaine sociale* de Grenoble, le beau discours de M. J. Zirnheld, président de la C.F.T.C., sur « La Famille et les Revendications des Travailleurs », dont le passage suivant est particulièrement significatif :

« Quand nous demandons que le salaire, part con-
« tractuelle et forfaitaire du travailleur dans le pro-
« duit — et tout ce qui le complète ou le remplace
« — ne soit pas fixé arbitrairement et en tenant
« compte seulement de l'individu, mais après une

« libre discussion et en tenant compte de la valeur
« familiale, de la valeur sociale, comme de la valeur
« professionnelle du travailleur : c'est pour la
« famille !

« C'est pour que la femme reste au foyer afin d'y
« remplir la seule profession pour laquelle elle ait
« été faite : celle d'épouse et de mère !

« C'est pour que les enfants — et tous les enfants
« que Dieu donnera — puissent recevoir les soins que
« réclame leur santé physique et la préparation
« morale, intellectuelle et technique que nécessite
« leur avenir d'hommes, de citoyens et de produc-
« teurs (1). »

Un jeune syndiqué, qui travaille dans une fabrique
de chaussures du XIII⁰ arrondissement, me dit que
de nombreux Juifs habitent maintenant ce quartier.
La moitié des ouvriers de son usine, dont le patron
est Juif, sont Juifs : « Ils nous détestent. Plusieurs fois, ils se sont cachés, le soir, au coin d'une
rue, ont guetté des ouvriers français de l'usine et
les ont lapidés. Pour faire cesser ces agressions,
nous nous sommes postés, un jour, derrière la porte
de l'usine, et nous avons flanqué une raclée à chacun des Juifs qui en franchissait le seuil. Depuis
ce moment-là, ils se sont tenus tranquilles. »

Un ouvrier mécanicien descend de Ménilmuche, où
il habite, pour payer ses cotisations. Il a dix-neuf
ans : visage maigre et pâle, épaules étroites, poi-

(1) *Le Problème de la Population.* — Semaines sociales de
France, XV⁰ session 1923, p. 463.

trine creuse, ventre rentré ; une casquette aplatie, à
visière longue et cassée ; pas de faux-col, mais un
cache-col ; pas de gilet ; un veston noir cintré, à
un bouton, jeté sur une chemise rayée noir et blanc ;
pantalon noir à haute et large ceinture montant jusqu'à la poitrine et dont les jambes à pattes d'élé-
phant, suivant la mode qui tend à renaître dans les
faubourgs, s'évasent sur de petits pieds étroitement
chaussés de bottines cuir et drap — tout à fait la
silhouette d'un « titi » des boulevards extérieurs.
Mais un bon cœur, un garçon courageux et dévoué !
Sa mère est veuve avec quatre enfants. Il est l'aîné.
Il fait vivre la famille avec son gain journalier de
trente francs. Son frère cadet, âgé de quinze ans,
lui donne beaucoup de souci : ce jeune garçon est
en retard pour le paiement de ses cotisations syndicales, ne reste pas dans les maisons où on le fait
entrer, travaille une semaine et, pendant plusieurs
jours, ne fait plus rien, à l'insu des siens ; il ne
l'avoue qu'au terme de cette période d'oisiveté pendant laquelle il a couru à travers le quartier avec
d'autres garçons de son âge qui l'ont entraîné hors
de son devoir ; il ne tolère ni conseils ni remon-
trances de son aîné et il se joue de sa pauvre mère.

Le jeune mécanicien conte ses soucis au secrétaire
du syndicat, homme de conscience droite, d'intelligence et de cœur, qui conduit l'association ouvrière comme il gouverne sa propre famille, avec la
même prudence attentive, avec le même jugement
sûr ; et le secrétaire le réconforte et lui donne tous
les bons avis que lui suggère son expérience : « Il

est arrivé à mon atelier, dit le jeune homme, un gas du Nord, un *ch'ti mi* (1). Je me suis tout de suite dit : c'est un mouchard (2). En effet, il reste à l'atelier après tous les autres (3) : pourquoi ? et qu'est-ce qu'il fait là ? » Le jeune homme parle ensuite d'un camarade qui a tenté de s'attaquer à ses convictions chrétiennes : « Je lui ai répondu : Crois ce que tu veux, ça te regarde, mais laisse-moi croire ce que je crois. Et f...-moi la paix ou on se cognera !... On aurait fini par se battre ! Il a compris et il me fiche la paix, maintenant ! » Puis, le jeune mécanicien confie au secrétaire les préoccupations que lui cause la perspective du service militaire à accomplir dans dix-huit mois. Il voudrait entrer dans la marine comme mécanicien. « Mais, lui dis-je, vous ne savez pas ce que c'est, la mer ! — Si ! J'ai été au bord de la mer ; une fois là, je ne désirais plus que m'embarquer ! — Mais vous n'avez aucune idée de la vie à bord, de la rigoureuse discipline qui y règne, de la dure existence qu'il faut mener lorsqu'on roule sur les océans, loin des siens, brièvement entrevus de très loin en très loin. Et comment pourrez-vous songer à fonder une famille ? — Voici ce que j'ai combiné : je crois que je pourrai deve-

(1) Les ouvriers parisiens désignent ainsi les ouvriers venus du Nord, dont ils contrefont le langage.

(2) Opinion courante chez les ouvriers parisiens.

(3) Ce fait est habituellement interprété dans ce sens ; il éveille le soupçon de rencontres secrètes entre le patron et l'ouvrier qui s'attarde ainsi à l'atelier.

nir quartier-maître ; alors, mon service fait, je demanderai à entrer dans l'administration de la marine et, comme ça, j'aurai la certitude d'une retraite. Ça n'est pas une existence que la nôtre, ouvriers qui travaillons toute notre vie sans pouvoir nous assurer de quoi vivre en paix pendant nos vieux jours ! Quand on a travaillé tous les jours de l'année et payé la nourriture, le logement, le vêtement, il ne reste plus rien ! Je ne suis pas communiste ; je ne suis pas envieux. Mais c'est tout de même dur d'en voir tant s'enrichir et rouler auto, et de rester, nous, toujours dans la gêne ! Je sais que je suis sur la terre pour travailler, et je veux travailler ; mais je veux aussi pouvoir me reposer, une fois devenu vieux. Je ne demanderais que de pouvoir, à cinquante-cinq ans, me retirer dans ma maisonnette. Mon grand-père, qui est âgé de soixante-quinze ans, possède une cabane et un jardin dont les légumes l'aident à vivre ; mais grand'mère est obligée d'aller balayer les rues de Saint-Denis pour six francs par jour. C'est comme d'aller au Théâtre-Français : il y en a qui occupent des fauteuils et des loges ; c'est très bien ; il en faut, je ne m'en plains pas ; mais, moi, je paie cinquante sous et je ne vois rien... »

Plainte émouvante et aspirations sages ! Pensée juste et bien équilibrée : il ne demande pas qu'il n'y ait plus de riches, mais que les pauvres soient moins pauvres et surtout que la paix soit assurée à leur vieillesse — désir équitable, souhait de justice, vœu chrétien. Il n'est pas impossible de les satisfaire. La retraite de vieillesse à cinquante-cinq ans, ce n'est pas l'Etat (retraites ouvrières d'avant-guerre ou assurances sociales d'après-guerre) qui peut la fournir, mais la République professionnelle, le corps de métier, la fortune corporative, le bien de mainmorte de la Congrégation ouvrière : voilà le salut.

Encore faudrait-il, cependant, que les aspirations des travailleurs, tout au moins dans la forme modérée où les expriment les syndicats chrétiens, fussent comprises des milieux patronaux. Lors du 3ᵉ Congrès national de la C. F. T. C., le 4 juin 1922, Zirnheld faisait entendre, à cet égard, des regrets et des vœux qui n'ont rien perdu de leur actualité :

« Est-ce parce que la forme actuelle de la produc-
« tion éloigne de plus en plus le patron de l'ouvrier,
« de telle sorte que celui-là ne rencontre plus celui-ci
« que lorsqu'il s'agit de discuter ou de sévir ? Est-ce
« par suite de l'oubli de plus en plus fréquent des
« principes chrétiens dans les relations économiques ?
« Toujours est il que jamais peut-être, dans certains
« milieux patronaux, le travailleur n'a été plus mé-
« connu et on ne l'a moins cru capable de réflexion,
« de jugement et de personnalité.

« On oublie trop cependant, dans ces milieux, que
« si l'ouvrier de nos jours ne possède pas peut-être
« plus de valeur intellectuelle que celui d'autrefois,
« il a, tout au moins, plus de possibilité de penser et
« de comprendre. Et puis, la pauvreté et surtout la
« misère sont souvent de rudes écoles d'énergie et
« d'expérience, si elles sont parfois, hélas ! des écoles
« de dépravation et de révolte.

« On oublie trop aussi que le travailleur a fait la
« guerre ! Ceux qui ont fait la guerre savent fort
« bien que le travailleur des champs n'était pas seul
« dans la tranchée et que son frère de la ville, ouvrier,
« employé, travailleur intellectuel, s'y trouvait à ses
« côtés. Or, ces travailleurs-là ont pris au front une
« conscience plus exacte de leur valeur, ils se sont
« haussés à de certains moments à la dignité de chefs,
« et ils n'acceptent pas qu'on ne les croie plus bons
« qu'à être des serviteurs et non des collaborateurs.

« Et, d'ailleurs, ignore-t-on les nombreuses œuvres
« sociales ou économiques parfois très importantes :
« syndicats, mutualités, coopératives de consomma-
« tion ou de production, que de simples travailleurs
« dirigent avec un sens des affaires, un souci d'hon-
« nêteté, une conception de l'autorité, qui feraient
« honneur à plus d'un chef d'entreprise ?

« Ne sait-on pas enfin qu'il est, dans les milieux du
« travail, des vocations impérieuses qui maintiennent
« dans les rangs de leurs frères des travailleurs par-
« fois supérieurement doués, capables de parvenir aux
« plus hauts rangs et qui acceptent de demeurer dans
« une situation médiocre pour réserver à leur classe
« le trésor de leurs talents et de leur puissance de
« travail ?

« Ce qui est vrai des travailleurs en général est
« vrai aussi, est vrai surtout, disons-le avec quelque
« fierté, du travailleur catholique. Ah ! sans doute !
« ce travailleur-là n'est plus celui que se figurent en-
« core certains patrons : brave homme, pas très in-
« telligent, mais dressé à l'obéissance passive et tou-

« jours satisfait de sa situation, quelque médiocre
« qu'elle soit. Celui-là aussi a senti la force de l'asso-
« ciation syndicale et, chose curieuse, c'est un hum-
« ble frère des Ecoles chrétiennes qui, en France, la
« lui a fait connaître... Les pasteurs ont couvert, en
« certaines occasions mémorables, de leur manteau
« pourpre ou violet, ces ouailles d'un nouveau genre.

« Aussi, combien de fois n'avons-nous pas souhaité
« que ces patrons qui nous connaissent si mal aient
« pu assister à quelqu'une de nos réunions ; qu'ils
« aient apprécié l'attention que nous apportons au
« maintien et au développement de la valeur et de
« la conscience professionnelles ; qu'ils aient cons-
« taté notre souci d'approfondir les questions écono-
« miques et sociales et de respecter la justice et
« l'équité ; qu'ils aient connu les scrupules qui nous
« assiégeaient à la veille ou au cours de certains
« conflits professionnels, le soin que nous avions de
« nous entourer de tous les conseils capables de nous
« éclairer et de conserver au conflit toute la dignité
« qui convenait afin de rendre possible à tout mo-
« ment une solution équitable. Ils auraient mieux
« compris combien certaines accusations de légèreté,
« d'imprudence ou de surenchère se trompaient
« d'adresse.

« Si le monde patronal connaissait davantage le
« caractère du travailleur français, s'il se penchait
« sur ses misères et sur ses défauts, non pas comme
« un homme d'affaires ou comme un juge, mais com-
« me un frère en Jésus-Christ, quels trésors d'intel-
« ligence, de bon sens et de dévouement il décou-

« vrirait en lui et pourrait mettre en œuvre pour le
« plus grand bien de la production nationale !

« Si l'on apprenait mieux à ceux qui dirigent les
« entreprises ou qui les dirigeront un jour qu'il n'y
« a pas que le travailleur qui ait des devoirs, mais
« que le patron lui-même en a, et de toutes sortes,
« et d'autant plus grands qu'il est plus haut placé
« dans le monde économique, combien la justice so-
« ciale y gagnerait !

« Si, enfin, le monde patronal comprenait mieux
« que, lorsque certains sacrifices sont nécessaires pour
« rétablir l'équilibre social près de se rompre, ce
« n'est pas à celui qui a peu ou qui n'a pas assez
« qu'il faut les demander, mais à ceux qui possè-
« dent beaucoup, dussent-ils sacrifier à la sécurité
« du lendemain le gain... de la veille, combien plus
« certainement on éviterait les révolutions mena-
« çantes ! »

Un dimanche de fin d'été, les syndiqués chrétiens
sont invités à une promenade en famille à Versailles.
Nous sommes une cinquantaine — hommes, femmes
et enfants, qui, tous, ont la tenue et les manières
simples et correctes de gens de bonne compagnie.
La messe entendue et le déjeuner pris dans un hos-
pitalier collège, nous nous acheminons vers le Château que nous visitons ainsi que le parc. Tous mes
compagnons apprécient avec une intelligence avertie
et un goût très sûr cette merveille royale. Dans ce
palais, le plus beau qui soit au monde, un ouvrier

murmure : « Ah ! Louis XIV ! c'était un type qui s'y connaissait ! » Mais lui aussi et ses camarades et leurs femmes et leurs enfants s'y connaissent ! car ils savent apprécier comme il convient les peintures, les marbres et les bronzes, les salons et les appartements, la grandeur et la simplicité des lignes architecturales, l'harmonie des ensembles, l'ampleur des perspectives : « On a l'impression, dit une ouvrière, que la France était alors plus puissante et plus riche qu'aujourd'hui. » Une fillette d'une douzaine d'années écoute avec un intérêt soutenu les brèves explications que fournit l'un de nous. Des apprentis, l'esprit ouvert à tout ce qui lui est offert, admirent ce spectacle varié, sans qu'aucun détail leur échappe. L'un d'eux, un typographe de dix-huit ans, prend cette résolution : « J'achèterai un livre sur Versailles afin de tout en comprendre et je reviendrai souvent ici pour tout revoir en détail, peu à peu. » Et un autre, un jeune métallurgiste, étonné de n'avoir pas eu plus tôt l'idée de venir contempler un tel chef-d'œuvre, s'en excuse : « C'est que je suis allé très souvent au Louvre ! Pendant trois mois, j'ai étudié, au Louvre et dans les livres, l'architecture égyptienne !... » Un troisième — dix-sept à dix-huit ans — ne sait pas moins bien apprécier la beauté du palais et des jardins. Les sentiments et les idées que ces jeunes gens expriment dans un langage aisé et correct mettent en relief la clarté de leur pensée et la sûreté de leur jugement ; leur curiosité, très en éveil, se fixe d'emblée sur les plus belles choses et en retient le trait essentiel. Ouvriers des faubourgs parisiens ou de la banlieue — l'un d'eux demeure et travaille au Pré Saint-Gervais, centre révolutionnaire — ils se meuvent dans le cadre de Versailles avec l'aisance de Français de vieille race qui se retrouvent chez eux en rentrant par la porte royale dans leur histoire. Cette jeunesse enferme en elle l'espoir de la résurrection française. Leurs familles sont soulevées par les mêmes sentiments ; elles éprouvent la même joie simple, la même admiration tranquille, avec une nuance de respect dans le silence qui est le plus bel hommage que puisse recevoir le grand souvenir dont la majesté continue d'habiter ces enfilades de salons et ces avenues profondes.

Chaque année, les syndiqués sont conviés à prendre part à une journée de repos et de recueillement. Ils se réunissent aux environs de Paris, dans une propriété mise à leur disposition par une communauté religieuse. Entre les exercices de piété et les conférences professionnelles, ils disposent d'un vaste parc. Les récréations alternent avec l'étude et la prière. La moitié des retraitants sont des jeunes. Plusieurs anciens traitent quelques sujets intéressant la vie de la famille ouvrière, l'organisation du métier, l'activité syndicale. Un prêtre de l'*Action Populaire* commente l'Evangile. Dans ce fraternel coude à coude, dans ces entretiens amicaux, les syndiqués conjoignent leurs efforts pour s'instruire en vue de l'action et pour s'élever vers Dieu. Ils apprennent à mieux se connaître et s'apprécier au cours de ces heures de recueillement et de délassement, de cor-

dialité, où se resserrent, dans la famille professionnelle vécue, tous les liens de sympathie. Au prédi-
cateur de la retraite ils racontent les difficultés de
toute sorte, matérielles, morales, avec lesquelles,
chaque jour et toute leur vie, ils sont aux prises :
« Vous ne pouvez vous imaginer, lui dit l'un d'eux,
combien il y a d'injustices dans la société. Vous
devriez prendre trois mois de congé et vivre comme
les ouvriers, avec eux, en travaillant dans les ateliers et les usines pour vous rendre compte de notre
vie. Alors vous pourriez, avec votre influence, nous
rendre service ! »

CONCLUSION

Les observations recueillies dans ce volume con-
firment ce que chacun sait des hautes qualités professionnelles des ouvriers de Paris : initiative, intelligence, adresse, bon goût ; ils excellent dans ces
métiers d'art où l'artisan doit mettre la marque de
sa personnalité. Les ouvriers sur métaux, en particulier les ouvriers du bronze, forment une élite :
ouvriers de *Panam'* et d'une industrie de *Panam'*,
frottés d'art, ayant acquis le goût du beau, aimant
et sachant apprécier, par métier, les styles, ils trouvent par là accès à cette civilisation supérieure qui
se meut dans le monde des belles formes. Si notre
société perdait ses richesses et ses riches, tous ces
ouvriers perdraient leur raison d'être et, par l'ané-
antissement de leur industrie, leur gagne-pain ; déjà,
l'appauvrissement causé par la guerre rend leur situation difficile ; la barbarie égalitaire des communistes nous ramènerait à l'âge des cavernes. Il n'est
pas du tout désirable qu'il n'y ait plus des gens
riches, mais, tout au contraire, qu'il y ait de plus
en plus des gens riches et de moins en moins des
gens pauvres. L'accroissement et la diffusion croissante
des richesses sont un bienfait social de premier ordre.
Si l'ouvrier réfléchissait à sa condition, il y décou-

vrirait tous les éléments de la reconstruction sociale :
la famille et le métier lui prouvent la nécessité d'une
autorité et d'une hiérarchie qui garantissent sa liberté
et la rendent féconde. Il verrait dans la richesse la
condition de l'art, qui assure une vie supérieure; dans
la morale, la garantie, non seulement de la possession paisible du fruit de son labeur et de la satisfaction esthétique, mais aussi de l'équilibre spirituel, de l'ordre familial et de l'harmonie sociale ;
dans la religion enfin, le fondement même de la
morale, la base de la société et son couronnement
tout ensemble.

Mais l'horizon dans lequel se meut l'ouvrier est
étroitement circonscrit ; sa vie au jour le jour, pliée
sous le joug des préoccupations utilitaires, esclave
des inquiétudes matérielles, ne lui fournit guère de
moyens d'interroger le sphynx gardien de ses des-
tinées. Les lecteurs ont entrevu la misère de son
logis, l'entassement des familles dans une chambre
d'hôtel meublé, où elles défendent avec dignité, contre une curiosité importune, le secret de leur vie ;
un éclat scandaleux y apparaît comme un fait anormal, d'une rareté extrême, mais gros de périls pour
la moralité des enfants, que guettent la rue, puis
tous ces lieux de plaisir beaucoup plus nombreux et
fréquentés que les lieux de prière. L'enseignement
professionnel obligatoire, distribué le soir, après
dîner, pourrait exercer sur les adolescents une action
morale préservatrice, en utilisant les loisirs que la
journée de huit heures leur assure.

Déjà, la journée de huit heures a facilité la ré-

gression de l'alcoolisme et aidé à la reconstitution du
foyer familial ouvrier. Il est remarquable qu'au cours
de l'été dernier, dans la majeure partie des quartiers ouvriers de Paris, je n'aie pas constaté dix
cas d'ivresse publique et que, dans un seul des ateliers où j'ai travaillé, je n'aie pu relever qu'un reste
d'habitudes d'intempérance d'ailleurs explicables par
les conditions physiques du travail, et chez quatre
mouleurs seulement. Aux repas, les ouvriers font
preuve d'une grande modération dans l'usage du
vin (1). Les *assommoirs* sont beaucoup moins fréquentés qu'avant la guerre et leur nombre diminue :
par exemple, en un an, avenue de Clichy, sur un
parcours de deux cent cinquante mètres, trois *bistros* ont dû fermer ; des commerçants les ont rem-
placés ; rue de la Roquette, entre la Bastille et la
place Voltaire, deux débits ont disparu ; un autre,
dans la rue Saint-Antoine ; deux autres, boulevard
Voltaire, tout près de la place de ce nom ; près de
cette place, rue Godefroy-Cavaignac, le samedi soir,
quatre « bistros » sur cinq mettent leurs volets à
dix heures, le soir, alors qu'avant la guerre ils res-
taient ouverts jusqu'à une heure du matin, et le cin-
quième ne compte plus que deux ou trois clients ;
les nombreux cafés qui garnissent une grande partie
de la place Voltaire et qui, avant la guerre, étaient

---

(1) « Relativement à 1910, la consommation actuelle de Paris
a baissé d'un tiers pour le vin et de deux tiers pour la
bière. D'autre part, Paris, qui avait absorbé 150.000 hecto-
litres d'alcool pur en 1913, en a bu seulement 102.000 en
1922. » (*L'Action populaire*, numéro d'octobre 1923.)

remplis de consommateurs jusqu'à une heure du matin, sont actuellement déserts, même le samedi, dès huit ou neuf heures du soir. Il est seulement regrettable de constater que l'usage des consommations à l'anis ou succédanés d'anis tend à se répandre dans les bars ouvriers. C'est un retour très regrettable aux goûts d'avant-guerre. Seul, le Gouvernement peut prendre des mesures de préservation de notre race contre ces poisons épileptisants. Leur prohibition amènerait les consommateurs à boire du vin, ce qui remédierait à sa mévente causée par le « régime sec » ou les droits prohibitifs de certains pays étrangers. Un magistrat de Nancy (1) a constaté dans les départements de l'Est une forte diminution du nombre des crimes et délits, corrélative à la diminution de l'alcoolisme. Une statistique du Minis-

(1) Louis Sadoul, conseiller à la Cour d'Appel de Nancy, dans un article sur *La criminalité après la guerre et l'alcoolisme*, paru dans *Le Temps*, le 4 octobre 1923, constate que, depuis la guerre, dans les départements de l'Est, la criminalité a diminué et que « la cause prépondérante de cette amélioration inattendue » se « trouve dans la diminution de l'alcoolisme ». De 1913 à 1921, la quantité d'alcool consommée dans toute la France a diminué de moitié ; mais, dans le seul département de Meurthe-et-Moselle, la diminution atteint presque les trois quarts ; dans les Vosges, presque les quatre cinquièmes ; dans l'arrondissement de Saint-Dié, plus des quatre cinquièmes ; dans la Meuse, plus des quatre cinquièmes ; dans les Ardennes, plus des trois quarts. « Les causes principales » sont, d'abord, l' « interdiction de l'absinthe, l'interdiction aussi de livrer à la consommation de bouche l'alcool d'industrie » ; ensuite, l'élévation des droits sur l'alcool qui « a amené le prix du petit verre à des hauteurs vertigineuses... Le petit verre de rhum ou de marc, aux dimensions réduites, coûte dans les caba-

tère du Travail, dont les éléments ont été fournis par les industriels de toute la France, prouve que, depuis la guerre, l'alcoolisme, chez les ouvriers, a diminué de 50 %. La cherté de l'alcool, des apéritifs et du vin, n'en est pas la seule cause. La fatigue d'une trop longue journée de travail incitait à recourir aux excitants artificiels : le cabaret se joignait alors à l'usine pour séparer de sa famille le salarié ; il rentrait tardivement, éreinté, hargneux, la bourse vide, mangeait hâtivement et se couchait ; la femme était obligée de se faire embaucher pour rétablir l'équilibre du budget domestique ; la famille n'existait plus. On ne saurait oublier que, jusqu'à la guerre, dans la mode et la couture, les ouvrières, qui étaient en grande majorité des jeunes filles, travaillaient couramment, pendant la « saison », de huit heures à midi et de une heure trente à minuit, c'est-à-dire quatorze à quinze heures, pour un salaire de vingt à quarante centimes l'heure. Les ouvrières à domicile travaillaient quinze heures pour gagner, en tout, de soixante centimes à un franc

rets les plus modestes soixante-quinze centimes au minimum ». Il en est résulté une « diminution générale du nombre des délits et, en particulier, des affaires de violences qui prennent très souvent naissance au cabaret ou entre individus plus ou moins excités » ; diminution également d'u nombre des crimes : « il n'y a guère qu'une cour d'assises du ressort dont le rôle soit réellement chargé, celle de Meurthe-et-Moselle. Dans les Ardennes et dans les Vosges, notamment, en 1922, les cours d'assises n'ont connu que des sessions courtes et insignifiantes. La session de novembre 1922 dans les Ardennes ne s'est même pas ouverte, faute d'affaires... Session blanche aussi dans la Meuse, en avril 1923 ».

vingt-cinq ! A l'atelier, elles pouvaient sortir pour
déjeuner ; mais, le soir, on leur apportait à manger
sur le tas, c'est-à-dire à l'atelier même. Et l'on
s'étonne que la propagande socialiste et révolutionnaire ait trouvé un terrain favorable ! Au contraire,
la réduction de la journée de travail donne au salarié
le désir et le goût de la vie de famille, ou plutôt,
car il les a toujours éprouvés, lui permet de les
satisfaire (1). C'est ainsi que trois cent mille travailleurs parisiens ont quitté Paris pour la banlieue
où ils habitent la maisonnette qu'ils ont achetée,
ou fait construire, ou parfois construite eux-mêmes ;
depuis trois ans, on a pu voir aux environs de la
capitale, le long des grandes voies ferrées, dans quelques plaines, champignonner au milieu de leurs jar-

(1) Le Ministère du Travail poursuit, depuis le mois de
mai 1919, une enquête sur l'utilisation de leurs loisirs par
les ouvriers et sur l'alcoolisme dans la population ouvrière.
« Les témoignages recueillis au cours de l'enquête et que
corroborent les statistiques fiscales et judiciaires attestent un
recul très net de l'alcoolisme dans la population ouvrière, et le
recul est particulièrement net depuis la guerre. Parmi les
causes de ce recul, il faut mentionner : 1° l'augmentation
considérable du prix des alcools..., 2° les lois contre l'alcoolisme votées pendant la guerre..., 3° la propagande exercée
depuis longtemps à l'école par les instituteurs et auprès des
ouvriers par les organisations patronales et ouvrières..., 4° l'influence exercée par les faits que l'enquête sur l'utilisation
des loisirs ouvriers a contribué à mettre en lumière : exode
des travailleurs des grandes villes vers les banlieues, développement des jardins ouvriers, des sociétés sportives et musi-
cales plus grande fréquentation des cours professionnels, des
bibliothèques populaires, etc. » (*Bulletin du Ministère du
Travail*, janvier-mars 1923, pages 39-40. — Voir également le
numéro d'avril-juin 1923, pages 117-133.)

dins ces petites maisons en bois, en carreaux de
plâtre, en pierres de mâchefer et ciment, en ciment
armé, en briques, en moellons. Tous ces ouvriers
ont été arrachés au mastroquet et rendus à leurs
familles (1). Ce désir de la propriété est essentiellement moralisateur. Un patron du quartier de la
Roquette, qui emploie une quinzaine d'ouvriers dans
son atelier de petite métallurgie, a prêté à deux
d'entre eux, qui désiraient vivement sortir du garni
et s'installer dans leur maison, quinze cents francs
à 3 %, remboursables en raison d'une retenue hebdomadaire de trente francs sur leur salaire ; chacun
d'eux, avec ses quinze cents francs, a acheté un
terrain dans la banlieue ; les trente francs ont été
scrupuleusement remboursés chaque semaine ; maintenant, ils vont épargner pour y construire leur mo-

(1) Une étude sur *L'exode en banlieue des employés et
ouvriers parisiens et la journée de huit heures*, parue dans
le *Bulletin du Ministère du Travail* (avril-juin 1923, pages
153-156), montre que, de 1911 à 1921, la population de Paris
s'est accrue de dix-huit mille habitants seulement, tandis que
celle de la banlieue a augmenté de trois cent quarante mille
âmes. « Une enquête a été effectuée par le Service de l'Ins-
pection du Travail... à l'effet de rechercher les causes de
cette augmentation importante de population. Ces recherches
ont fait connaître les deux causes principales : création d'usines
nouvelles qui développent la densité de la population ouvrière ; exode, facilité par l'application de la loi de huit
heures, des employés et ouvriers parisiens vers la banlieue
où ils trouvent et construisent des logements salubres et à
loyers modérés... Cet exode de la population ouvrière de Paris
vers la banlieue, commencé depuis de nombreuses années,
s'est surtout accentué depuis l'application de la loi du 23 avril
1919 sur la journée de huit heures. Sous le régime des
journées de travail de douze et de dix heures, le travail

deste demeure. Il serait à souhaiter que la loi en
assurât, et l'insaisissabilité, et la transmission hé-
réditaire à l'un des enfants en dehors de tout partage.

L'état intellectuel des ouvriers étudiés est fort
médiocre. Si l'on excepte, d'une part, les syndiqués
chrétiens, si préoccupés de sauvegarder leur vie morale, leur idéal religieux, les intérêts de la profession, et parmi lesquels on rencontre des jeunes gens
accessibles aux préoccupations esthétiques ; et,
d'autre part, les militants révolutionnaires, aussi
passionnés qu'irréfléchis et peu préparés à réfléchir
— on doit reconnaître que les ouvriers manifestent
la plus complète indifférence à l'égard des problèmes
économiques, politiques, intellectuels, moraux et religieux. Ils s'occupent de sports, de pêche ; ils lisent
les faits-divers ; ils s'inquiètent d'avoir du travail
et de gagner de l'argent ; des idées, nul souci. Les
constructeurs ou reconstructeurs ont le champ libre :

commençait à 6 heures 1/2 ou 7 heures et les ateliers ne
fermaient leurs portes que vers 19 heures. Dans ces conditions, l'ouvrier et l'employé habitant la banlieue devaient
quitter leur famille à 6 heures du matin et ne rentrer à
leur foyer que vers 20 heures ou 20 heures 1/2 au plus
tôt... La loi de huit heures a complètement modifié cette
situation. Les journées de travail plus courtes, 8 heures,
8 heures 1/2, 8 heures 3/4 ou 9 heures au plus, permettent
de commencer le travail à 7 heures 1/2 ou 8 heures dans
les établissements industriels et de le terminer entre 17 et
18 heures au plus tard. L'application d'une loi sociale qui
a réduit le labeur du travailleur et augmenté ses loisirs lui
a permis de se créer, en dehors de la grande ville, une
habitation saine, agréable, peu coûteuse, dans un milieu
salubre et tranquille. »

c'est l'unique avantage que présente cet état d'esprit, en soi si médiocre ; le bastion ennemi est démoli ; il s'est effondré tout seul. L'ouvrier d'avant-guerre avait des idées, d'ailleurs fausses et détestables. En se détachant des idées, l'ouvrier d'après-guerre s'est détaché de ses erreurs ; mais il reste à lui rendre le goût des idées et à lui donner des idées justes ; tâche d'autant plus urgente que ses anciennes erreurs n'ont point perdu toute leur puissance de séduction et qu'il suffirait de circonstances favorables pour leur rendre leur ancien empire. Son indifférentisme actuel le détachant même des problèmes professionnels, l'ouvrier ne peut plus être conduit à les étudier, à les résoudre et à devenir un élément de stabilité pour la société où il vit. Les satisfactions matérielles immédiates lui suffisent momentanément. Le jour où tous les problèmes qu'il néglige se poseront à nouveau et avec acuité, il redeviendra une force furieuse dont les violences déchaînées lui feront courir comme au reste de la nation les plus graves périls.

Etudiant, en 1922, la banlieue parisienne, je remarquais l'indifférence des ouvriers et l'inaction des révolutionnaires. En 1923, à Paris même, j'ai constaté un vif réveil de l'activité révolutionnaire et le succès de la mobilisation des militants. La proximité des élections législatives provoquait cette offensive au moment même où, à l'extérieur, l'étranger allait déclancher la sienne. Cet été et cet automne. la population laborieuse des quartiers ouvriers est demeurée insensible à ces provocations : l'agitation

de la rue Grange-aux-Belles ne s'est pas propagée
dans les ateliers. Toutefois, la hausse lente mais
constante du prix de la vie commençait à répandre
parmi les travailleurs un sentiment d'inquiétude,
constatant que désormais leurs salaires correspon-
daient mal à leurs besoins, plusieurs de mes camarades murmuraient : « Qu'est-ce que ce sera cet
hiver ? » Cet hiver, notre monnaie a, de nouveau,
perdu une partie de sa valeur et le coût de la vie
s'est élevé aussitôt ; la majoration des impôts va
encore accentuer cette hausse des prix ; une pareille
instabilité ne peut que provoquer des crises d'ajus-
tement des salaires, semer le mécontentement, rendre les ouvriers accessibles aux mauvaises suggestions de leurs anciens meneurs.

La situation matérielle des ouvriers est restée,
jusqu'à la fin de 1923, à peu près satisfaisante. Le
chômage, déjà rare en 1922, avait complètement
disparu. Ce que demandent, d'abord et par-dessus
tout, les ouvriers, c'est du travail. Ils en ont : la
première des conditions de tranquillité des faubourgs
est remplie. La deuxième condition est une rému-
nération suffisante : reçoit-elle satisfaction ? Certains ouvriers qualifiés touchent de beaux salaires,
de trente-cinq à quarante-cinq francs ; le plus grand
nombre, des salaires assez étroitement mesurés, de
vingt-cinq à trente francs ; les manœuvres, spécialisés ou non, qui touchent moins de vingt francs,
couvrent difficilement les dépenses les plus indispensables. L'équilibre entre les gains de l'ouvrier et
ses charges de famille a été rétabli, dans la grande

et la moyenne industrie, par l'excellente institution des caisses patronales de compensation (1) L'Etat voudrait les transformer en service public : ce serait aller contre les fonctions naturelles de l'Etat et des Métiers, puisqu'il n'est pas dans le rôle de l'Etat d'assumer la gestion de ces intérêts qui ressortit essentiellement au rôle des Corps de Métiers ; en outre, les frais d'administration des Caisses de compensation en seraient considérablement accrus et, grevant à l'excès les producteurs, frapperaient, par répercussion, les consommateurs. Déjà, les petits patrons bronziers allèguent l'impossibilité où ils se trouvent d'ajouter aux impôts qui les écrasent les charges supplémentaires que les Caisses de compensation imposent, de sorte que les ouvriers bronziers,

(1) De l'enquête sur la famille ouvrière faite par *L'Echo de l'Union sociale des ingénieurs catholiques* (mai et juillet 1923), à Paris, Lyon, Saint-Dizier, Roubaix-Tourcoing, et auprès des mineurs du Nord et des mineurs d'Alais, il résulte que, au cours du premier semestre de 1923, la dépense moyenne annuelle pour une famille ouvrière composée du père, de la mère et de quatre enfants de moins de 14 ans, s'élevait à neuf mille francs, dont six mille francs pour l'alimentation. Or, « tandis que les salaires de... 9.000 francs par an... ne sont pas rares chez les professionnels, les salaires moyens des manœuvres ou des manœuvres spécialisés oscillent entre... 4.800 et 6.000 francs par an sans chômage, et on rencontre, même dans la région de Paris, des salaires moindres. Comment équilibrer le budget familial ?... » Par « des *allocations familiales...* Cet appoint est *nécessaire*, car il est inadmissible qu'après avoir répondu aux invitations de sa conscience, le père de famille ne puisse élever, autrement que dans la misère, les enfants qu'il donne à la patrie ». (Juillet 1923, pages 228, 229, 230.) M. Liouville conclut ainsi : « Sans allocations familiales, le salaire viril seul des ouvriers les moins favorisés est souvent insuffisant pour élever conve-

si nombreux, ne jouissent pas des avantages de cette institution dont il reste à souhaiter que son extension à tous les métiers se réalise au plus tôt.

Nous constatons donc une certaine amélioration de l'état moral des ouvriers parisiens : diminution de l'alcoolisme, retour à la vie familiale, les sports plus fréquentés que les cabarets, l'épargne tournée vers l'acquisition du foyer. Par contre, des mœurs relâchées et des spectacles qui provoquent directement et brutalement à la débauche. Quant à l'état intellectuel, il est tout à fait médiocre : ignorance profonde, culture nulle, aucun désir d'en acquérir. Et la situation matérielle, subordonnée aux fluctuations d'une monnaie toujours plus dépréciée, menace de devenir difficile. Enfin nos observations ont

nablement une famille de plus de deux enfants. Le salaire de la mère de famille, joint à celui du mari, ne suffit même pas, dans bien des cas, à équilibrer le budget d'une famille de quatre enfants si d'autres ressources n'interviennent pas. Les allocations familiales sont donc indispensables pour permettre aux parents d'élever de nombreux enfants et à la mère de famille de rester au foyer. Le taux des allocations, pour chaque enfant à partir du quatrième, doit correspondre, à peu de choses près, aux charges moyennes d'entretien d'un enfant. Les taux de dix francs pour le premier, trente francs pour le second, cinquante francs pour le troisième, et quatre-vingts francs à partir du quatrième enfant, pratiqués dans la région parisienne, se rapprochent de cette condition : il est très désirable que cet exemple soit suivi dans les régions où les taux sont encore trop faibles et que l'usage des allocations se généralise. » (Pages 232, 233.) Le taux des allocations a été porté, l'été dernier, à quarante francs pour le deuxième enfant, quatre-vingt-dix pour le troisième, cent soixante-dix pour le quatrième et quatre-vingts francs pour chacun des enfants qui suivent. En outre, il est alloué des primes de naissance : 250 francs pour le premier enfant, mis en relief le danger créé par l'immigration d'ouvriers étrangers et surtout de Juifs.

Cinq cent mille étrangers habiteraient Paris : de très nombreux communistes dont se sont débarrassés l'Italie et l'Espagne et qui, s'ajoutant aux indigènes d'Algérie et à un certain nombre d'Asiatiques, constituent l'armée du désordre immédiatement mobilisable en cas de difficultés intérieures ou extérieures ; mais surtout des Juifs, qui envahissent les quartiers ouvriers, refoulent les Français, accaparent le commerce, constituent un peu partout des îlots compacts et demeurent tout prêts à fomenter des troubles, à encadrer, conduire, inspirer les hommes de main et utiliser le bouleversement général pour « liquider » nos biens, « déménager » la France, trafiquer de nos dépouilles, bref renouveler chez nous les opérations fructueuses qu'ils viennent de réaliser en Russie, en Pologne, en Hongrie, en Autriche. Leur invasion silencieuse et méthodique n'est rendue possible que par les complicités administratives : profitable aux immigrés, elle nous cause pré-

15o francs pour chacun des suivants. Les allocations sont versées directement à la femme ; c'est une sorte de salaire de maternité, un véritable salaire familial. Ces mesures tendent à conjurer le plus redoutable des périls : le suicide de la race. Il résulte, en effet, des statistiques des allocations familiales, que, dans la région parisienne, le tiers des ouvriers est célibataire, un tiers marié sans enfants, un tiers marié avec enfants ; sur ce dernier tiers, un tiers n'a qu'un seul enfant, un tiers deux enfants, un tiers plus de deux enfants ; par conséquent, seul, le neuvième de la population ouvrière de la région parisienne rendrait possible un accroissement de la population.

sentement de graves préjudices et elle constitue pour l'avenir une menace redoutable. Quant à l'apport de main-d'œuvre étrangère, honnête et paisible — Belges, Polonais, Roumains — ou véhicule d'idées dangereuses — révolutionnaires italiens et espagnols — il est rendu nécessaire par notre faible natalité ; une population devenue incapable d'assurer son propre recrutement est vouée aux pires aventures ; la première des richesses d'un pays, c'est sa richesse en main-d'œuvre nationale ; le déficit des naissances conduit à la ruine. La natalité déficiente résulte de nombreux facteurs matériels et moraux, dont l'ignorance de la prospérité et de la force que les familles et l'Etat trouvent dans la fécondité des mariages, la propagande malthusienne, l'irréligion, la précarité de la vie ouvrière, l'instabilité actuelle des conditions matérielles de l'existence, ne comptent pas parmi les moindres. Mais le caractère précaire de la vie des ouvriers, aggravé par cette instabilité générale, trouverait dans l'organisation professionnelle le remède le plus complet, le plus sûr et le mieux approprié.

La première des tâches qui incombe à la profession organisée consiste à en garantir l'avenir en assurant son recrutement par l'enseignement professionnel. Depuis la guerre seulement, cette préoccupation a stimulé le zèle des Chambres de Commerce et des Syndicats. La Chambre de Commerce de Paris dépense annuellement, dans ce but, un million. Les syndicats patronaux du bronze et de la fonderie font également des efforts méritoires pour pourvoir à ce besoin. Un président de syndicat patronal des métaux

s'inquiète, en outre, de l'orientation professionnelle
de l'enfant, dès l'école : il souhaite que l'école
devienne obligatoire jusqu'à quatorze ans et que les
deux dernières années en soient consacrées à la
mise en contact de l'enfant avec *plusieurs* métiers
pour lui permettre, non seulement de choisir en con-
naissance de cause, mais encore de mieux exercer
le métier choisi : « Un enfant, dit-il, qui a touché
au bois et au fer, sera plus habile dans le métier,
fer ou bois, définitivement adopté. » Il voudrait, de
plus, que la Corporation elle-même fût reconstituée : « C'est le Métier qui réalisera les assurances
sociales ; c'est lui qui doit régler tous les intérêts
professionnels communs. Ainsi, l'industrie du bronze
est répartie entre une multitude de petits ateliers,
ou bien strictement familiaux, ou bien patronaux
mais ne comptant qu'un petit nombre de salariés,
de dix à trente, qui vivent en contact personnel et
permanent avec leur chef : pour les achats de ma-
tières premières et pour la vente à l'étranger, il
faudrait que cette poussière d'ateliers fût rassemblée,
ordonnée, organisée dans le cadre corporatif. »

Si l'organisation professionnelle est nécessaire aux
patrons, déjà forts par les ressources dont ils disposent, à plus forte raison l'est-elle aux ouvriers, si
démunis de toute ressource. Du travail et des salaires
suffisants ne constituent pas un statut ouvrier : le
métier traverse souvent des crises, l'homme n'est
pas toujours jeune et bien portant. C'est en pré-
vision des périodes de marasme industriel et des
défaillances de santé et d'âge qu'il importe que le

monde ouvrier soit doté d'une constitution. Réhabi-
liter le travail, rehausser la dignité du travailleur,
le garantir contre les risques habituels de la vie,
voilà la tâche de la profession organisée. Véritable
petit Etat, la république professionnelle doit veiller
sur ses citoyens et les gouverner. Véritable famille,
elle doit prendre en charge ses membres, les aider à
vivre, les garder contre les funestes conséquences
d'une crise économique et aviser aux moyens de la
dénouer, cultiver l'intelligence et élever la conscience de ses membres pour qu'ils deviennent des
ouvriers parfaits, pour que, partout, dans tous les
rangs sociaux, se retrouvent ces qualités de la pensée
et du cœur qui ennoblissent les hommes. En vérité,
les ouvriers vivent en marge de la société, et c'est
cet état anormal, anti-social au premier chef, qui
engendre en eux des sentiments perturbateurs. Il
s'agit de les réintégrer dans la vie sociale en leur mé-
nageant une place dans ses cadres réguliers, en leur
donnant les moyens d'acquérir les avantages que
leurs concitoyens possèdent déjà, en leur facilitant
l'accès de la propriété, individuelle et collective,
familiale et corporative (1).

---

(1) « L'ouvrier moderne est réduit à la condition de nomade
sans point fixe, sans garantie d'avenir, sans propriété permanente. Le problème est de donner enfin à ce prolétaire un
statut stable, construisant et enracinant un véritable foyer,
ainsi de le faire accéder à une sorte de bourgeoisie ouvrière
qui continuât la bourgeoisie marchande et industrielle et qui
le fît participer aux douleurs et aux forces du sentiment de
la patrie...

« ... Du plus humble au plus puissant, du plus pauvre

Mais les ouvriers ne constituent actuellement encore qu'une masse ignorante, par conséquent facile à duper, amorphe, dès lors aisée à manœuvrer par le moyen d'une organisation intérieure qui se ramifie jusque dans le plus intime d'elle-même et qui ne cesse de jeter aux yeux des mécontents la poudre brillante des promesses menteuses : la C. G. T. U., embryon d'Etat révolutionnaire, moteur secret toujours prêt à mettre les multitudes en mouvement pour les destructions suprêmes lorsque lui-même aura été mû, dans des conjonctures jugées favorables, par cette Haute Finance internationale dont il est l'instrument.

L'effort constructeur se manifeste spontanément sous la pression du besoin : il y a un an, la Chambre de Commerce de Lyon a décidé la création de *Chambres de métiers*, composées de patrons et d'ouvriers de même profession et chargées d'organiser

au plus riche, il existe une continuité d'intérêt, une communauté de destination, si profonde et si générale, que les oppositions d'intérêts secondaires (sans s'évanouir certes) doivent et peuvent s'y subordonner. Un ouvrier du fer croit avoir intérêt à toucher le plus gros salaire possible, un patron du fer croit avoir intérêt à donner le moindre salaire possible, mais l'un et l'autre ont un intérêt supérieur et vital à ce qu'il y ait une industrie du fer, et prospère. A la lutte des classes, cultivée dans toutes les théories révolutionnaires, une sage doctrine substitue donc, non pas même l'entente des classes, mais le reclassement des producteurs dans l'intérêt de la production et dans leur intérêt...

« Il vous paraîtra innocent de tendre ainsi à la suppression de la guerre des classes. Eh bien ! cela ne peut paraître innocent à tout le monde. Un tel projet, surtout s'il tend à réussir, menace de très près une industrie qui est encore l'apprentissage. En février 1924, la Chambre de Commerce de la Corrèze a décidé la création d'une Chambre de métiers. Les syndicats chrétiens travaillent à organiser les ouvriers par profession. Georges Valois et ses amis ont constitué les Corporations du Livre, du Bâtiment, de la Presse, des Assurances, de la Mécanique et de l'Electricité, du Commerce, de la Banque, des Voyageurs, du Rail, des Ingénieurs, des Fonctionnaires et des Médecins.

La destinée de toutes ces initiatives reste sous la dépendance du régulateur politique. Une bonne politique fera de bonnes finances qui rendront possible, avec la restauration nationale, l'organisation ouvrière et professionnelle. La conjonction de la propagande révolutionnaire intense menée par la C. G. T. U. et du malaise populaire causé par le bouleversement continuel des prix ne peut amener que les pires conséquences pour peu que la première s'intensifie et que le second s'accroisse. Mais l'une cesserait si

assez florissante. C'est l'industrie politicienne. Vous savez comment elle procède. Tous ces messieurs, arrivés par l'extrême-gauche, excitent le peuple de prolétaires, lui prêchent la grève générale et la révolution, l'exhortent à prendre des piques et des sabres ou à planter le drapeau dans le fumier, puis, peu à peu, au fur et à mesure qu'eux-mêmes s'élèvent, ils se rapprochent des patrons et des capitalistes, des conseils d'administration et des conseils de ministres. Ces anarchistes arrivés deviennent rapidement, comme disait l'un d'eux, les premiers des flics et font tirer tranquillement sur le brave peuple qui a servi de marchepied. Telle est aujourd'hui la grande machine à exploiter le prolétariat en vue d'en retirer des mandats, puis des portefeuilles. Mais elle ne fonctionne que si la masse populaire est gardée distincte du reste de la nation et si elle demeure à cet état

le gouvernement se décidait à prendre contre ses
chefs quelques mesures énergiques ; et, de même,
l'autre, s'il avisait à faire disparaître quelques-unes
des causes connues de la cherté croissante de la vie.
La perspective des élections législatives n'a fait qu'ag-
graver ces fâcheux symptômes. Mais l'état des finances publiques est à la source de tout le mal ; si la
situation économique de la France est excellente, la
situation financière de l'Etat est détestable ; la prospérité nationale n'est donc pas une question purement
économique, mais également politique ; elle relève de
l'économie *politique*, c'est-à-dire de l'économie nationale dans ses rapports avec la politique de l'Etat.
Dans son remarquable ouvrage *Aurons-nous une révolution ?* (1), le comte de Fels montre que notre
situation financière est sans issue parce que l'Etat
se charge de fonctions qu'il remplit mal, n'étant
point fait pour les remplir : transformant les producteurs en fonctionnaires, il les rend improductifs ;
transformant les entreprises en monopoles, il les rend
déficitaires. Le remède consiste à rendre à l'activité
productrice les fonctionnaires superflus et aux pro-

mouvant, flottant, nomade, dont nous parlions tout à l'heure,
de manière à pouvoir être poussée en bloc contre la classe
patronale et la classe bourgeoise. Supposez *l'incorporation
du prolétariat*, ces beaux profits tombent à l'eau. C'est pourquoi ceux qui vivent de l'industrie politicienne nous en
veulent tant... » (Ch. MAURRAS, Extrait de sa déposition à la
Cour d'Assises de la Seine, au procès de Germaine Berton,
assassin de Plateau ; publié dans *L'Action Française* du 20 dé-
cembre 1923.)
(1) Payot, 1923.

ducteurs les entreprises d'Etat : unique et infaillible moyen de restituer son équilibre au budget et de faire bien remplir par l'Etat ses fonctions essentielles. L'impôt sur le capital nous sauvera de la banqueroute s'il est prélevé sur l'Etat, non sur les citoyens, c'est-à-dire s'il consiste à rendre à l'exploitation privée les biens dont s'est emparée l'exploitation officielle. Que l'Etat restitue chemins de fer, mines, flottes commerciales, usines de guerre, manufactures, forêts, qu'il vende aux sociétés privées ses domaines coloniaux, que les acquéreurs des biens d'Etat les paient en titres de rente ou Bons que l'Etat détruira, et le budget sera rapidement équilibré, la dette publique éteinte. Tout le mal vient de la socialisation des hommes et des richesses. Le socialisme, même inavoué ou inconscient, c'est la ruine et la mort.

M. de Fels nous fournit ainsi une nouvelle démonstration de cette vérité que l'organisation ouvrière, l'organisation professionnelle, l'ordre et la paix, toute l'économie nationale sont entièrement suspendus, et maintenant plus que jamais, à la politique intérieure et extérieure du gouvernement, à la capacité du gouvernement de concevoir et poursuivre une politique, par conséquent aux institutions politiques elles-mêmes. L'économique ne doit donc pas être envisagé indépendamment du politique. Le contraire serait bien surprenant : nous avons sans cesse constaté que l'économie ne peut être sans rapports avec la morale et la religion et, d'une façon générale, avec les différents facteurs sociaux ; elle ne peut donc être tenue pour dépourvue de tout lien avec

l'activité politique des sociétés humaines. Nous en
formulons d'ailleurs l'aveu lorsque nous la qualifions
d'économie *politique* par opposition à l'économie
domestique ; et nous en traçons la démonstration
lorsque nous affirmons que l'économie doit être une
économie *humaine*, puisqu'ainsi nous la ramenons à
la considération de l'homme, qui est un animal
politique.

TABLE DES MATIÈRES

CHAPITRE IV

MÉNILMONTANT
Une fabrique d'appareils à aimanter.

CHAPITRE V

LES DESTRUCTEURS ET LES CONSTRUCTEURS

www.ingramcontent.com/pod-product-compliance
Lightning Source LLC
LaVergne TN
LVHW021153050726
842519LV00002B/609